PARADIGMAS DO ENSINO DA LITERATURA

Conselho Acadêmico
Ataliba Teixeira de Castilho
Carlos Eduardo Lins da Silva
Carlos Fico
Jaime Cordeiro
José Luiz Fiorin
Tania Regina de Luca

Proibida a reprodução total ou parcial em qualquer mídia
sem a autorização escrita da editora.
Os infratores estão sujeitos às penas da lei.

A Editora não é responsável pelo conteúdo deste livro.
O Autor conhece os fatos narrados, pelos quais é responsável,
assim como se responsabiliza pelos juízos emitidos.

Consulte nosso catálogo completo e últimos lançamentos em **www.editoracontexto.com.br**.

PARADIGMAS DO ENSINO DA LITERATURA

Rildo Cosson

Copyright © 2020 do Autor

Todos os direitos desta edição reservados à
Editora Contexto (Editora Pinsky Ltda.)

Montagem de capa e diagramação
Gustavo S. Vilas Boas

Preparação de textos
Lilian Aquino

Revisão
Ana Paula Luccisano

Dados Internacionais de Catalogação na Publicação (CIP)

Cosson, Rildo
Paradigmas do ensino da literatura / Rildo Cosson. –
1. ed., 2ª reimpressão. – São Paulo : Contexto, 2024.
224 p.

Bibliografia
ISBN 978-65-5541-007-5

1. Literatura – Estudo e ensino 2. Educação básica –
Literatura – Estudo e ensino 3. Leitura – Estudo e ensino
I. Título

20-2460 CDD 807

Angélica Ilacqua CRB-8/7057

Índice para catálogo sistemático:
1. Literatura – Estudo e ensino

2024

Editora Contexto
Diretor editorial: *Jaime Pinsky*

Rua Dr. José Elias, 520 – Alto da Lapa
05083-030 – São Paulo – SP
PABX: (11) 3832 5838
contato@editoracontexto.com.br
www.editoracontexto.com.br

Sumário

INTRODUÇÃO 7

O PARADIGMA MORAL-GRAMATICAL 19
    Os conceitos 21
    A organização 26
    A prática 31

O PARADIGMA HISTÓRICO-NACIONAL 41
    Os conceitos 44
    A organização 50
    A prática 54

O PARADIGMA ANALÍTICO-TEXTUAL 71
    Os conceitos 72
    A organização 80
    O cotidiano do ensino da literatura 87

O PARADIGMA SOCIAL-IDENTITÁRIO 97
    Os conceitos 99
    A organização do ensino da literatura 107
    O cotidiano do ensino da literatura 114

O PARADIGMA DA FORMAÇÃO DO LEITOR 127
    Os conceitos 129
    A organização do ensino da literatura 139
    O cotidiano do ensino da literatura 147

O PARADIGMA DO LETRAMENTO LITERÁRIO 171
    Os conceitos 174
    A organização 185
    O cotidiano do ensino da literatura 195

CONCLUSÃO 211

BIBLIOGRAFIA 213

AGRADECIMENTOS NO SINGULAR 221

O AUTOR 223

INTRODUÇÃO

Um paradigma é constituído por saberes e práticas, conceitos e técnicas, questionamentos e exemplos, objetos e termos usados para descrevê-los dentro de uma determinada área de conhecimento. Ele funciona como uma espécie de moldura que identifica, explica e guia, mas também delimita a atuação dos profissionais da área. Quando essa moldura perde consistência, o campo de conhecimento se transforma dando lugar a um novo paradigma.

O ensino da literatura, assim como outros campos disciplinares nas ciências e nas humanidades, passou por várias transformações ao longo da história que podem ser lidas como uma sucessão de paradigmas. No Brasil, a partir da herança jesuítica na educação, é possível localizar seis paradigmas no ensino da literatura: dois paradigmas tradicionais – *moral-gramatical* e *histórico-nacional* –, que pertencem ao passado mais distante, e quatro paradigmas contemporâneos – *analítico-textual, social-identitário, formação do leitor* e *letramento literário* –, que emergem sucessivamente desde o final do século XX até nossos dias.

Este livro dedica um capítulo a cada um desses paradigmas, descrevendo e analisando criticamente os seus elementos constitutivos, abarcando aspectos conceituais, metodológicos e pragmáticos. Além disso, ao final dos dois primeiros capítulos, apresentam-se os questionamentos que levaram à superação dos paradigmas tradicionais, e, ao final dos quatro últimos, a crítica que os paradigmas contemporâneos atualmente enfrentam como alternativas do ensino da literatura na escola. O objetivo é tornar mais claras as opções que ora se apresentam para o ensino escolar da literatura, ao mesmo tempo que se possibilita o estabelecimento de diretrizes pedagógicas coerentes, o planejamento de longo prazo e a execução mais consistente das aulas de literatura.

Destinada principalmente aos professores do ensino básico e aos alunos dos cursos de Letras e Pedagogia, assim como a todos os profissionais envolvidos com a leitura literária na escola e em outros espaços formativos, esta obra é um convite ao diálogo e à reflexão sobre o ensino de literatura em nosso país. A proposta tem como guias a formação do leitor literário, o reconhecimento de comunidades de leitores nas salas de aula e o compromisso com a existência de escolas plurais dentro da sociedade democrática que queremos construir e na qual desejamos viver.

Em termos conceituais, este livro é a última parte de uma trilogia que começa com a publicação de *Letramento literário: teoria e prática*, em 2006, no qual apresento uma proposta de abordagem da obra literária em sala de aula a partir de duas sequências integradas de atividades: a sequência básica e a sequência expandida. Nesse primeiro livro, o ensino da literatura é tratado em seu aspecto mais básico ou imediato, que é a prática da sala de aula.

A segunda obra, de 2014, intitulada *Círculos de leitura e letramento literário*, traz os modos de ler e as práticas da leitura literária que permitem aos professores integrar as aulas de literatura com um programa de leitura que envolve a biblioteca e a comunidade escolar como um todo, com destaque para os círculos de leitura. Nesse caso, o ensino de literatura é abordado para além da singularidade da aula de literatura, pois o objetivo maior é mostrar como a matéria da literatura pode ser integrada no ambiente escolar.

Nesta terceira obra, *Paradigmas do ensino da literatura*, procuro analisar o ensino de literatura dentro de uma perspectiva mais ampla que insere e complementa as duas obras anteriores: a identificação de grandes matrizes do ensino escolar da literatura. Nos diversos elementos que constituem cada um dos paradigmas, o leitor encontra questionamentos e críticas, explicações e propostas para as diferentes questões que estão sendo debatidas nos cursos acadêmicos e disputando espaço nas práticas escolares.

* * *

Quando Thomas Kuhn escreveu *A estrutura das revoluções científicas*, em 1962, talvez não imaginasse que sua abordagem sobre paradigmas facilmente transporia os limites da história da ciência para ser aproveitada em várias outras disciplinas. Atualmente, a ideia de que o conhecimento é construído conforme grandes constructos de conceitos inter-relacionados que orientam as práticas de uma comunidade de pesquisadores se faz presente em muitos campos do saber, sendo quase um lugar-comum na área das humanidades.

Neste livro, vou tentar seguir Kuhn mais de perto ao usar o conceito de paradigma como uma espécie de "matriz disciplinar", constituída de generalizações simbólicas, crenças em determinados valores e exemplos compartilhados. Também vou levar em consideração a ideia de revolução pela qual ele explica como se efetivam as transformações no campo da ciência.

Nesse caso, estou entendendo, com o autor, que a transformação acontece porque há um esgotamento do paradigma vigente que já não atende às demandas que ele deveria responder, mas também que a passagem de um paradigma para outro funciona como uma perda de hegemonia, considerando-se que um novo paradigma nunca alcança um domínio absoluto sob todos os espaços em que aquela disciplina é referenciada. Essa mudança é acompanhada por um processo localizado de substituição de concepções, procedimentos, valores e práticas em diferentes ritmos dentro de um mesmo campo de conhecimento. A revolução não significa apagamento súbito e sumário. Ao contrário, o paradigma anterior continua existindo, muitas vezes, movendo-se para o senso comum onde recebe uma nova configuração, outras vezes sobrevivendo em tentativas de reforma, acomodação e conciliação com o paradigma emergente.

Além disso, um paradigma não funciona como um conjunto de regras ou modelo no sentido de instruções a serem obedecidas para se chegar a um determinado produto ou resultado. Ao invés, um paradigma é uma abstração e, como tal, as práticas que o identificam são sempre parciais ou imperfeitas, ou seja, não há uma prática que corresponda totalmente ao paradigma identificado. A identificação de um determinado paradigma é o reconhecimento de que determinadas práticas são orientadas por uma matriz disciplinar que as integra em um todo coerente, logo há uma pluralidade de práticas que se relacionam entre si formando o paradigma e não uma única prática ideal que deve ser buscada como se fosse uma prescrição por aqueles que defendem tal paradigma.

Retomo aqui esses conceitos porque acredito que estamos vivendo uma crise de paradigma no ensino da literatura, ou seja, estamos no momento em que as anomalias dos paradigmas tradicionais já não conseguem ser ignoradas. As evidências dessa crise são facilmente encontradas numa série crescente e persistente de diagnósticos, iniciada ainda nos anos 1980, sobre as condições para o ensino da literatura na escola, acompanhados de alternativas e propostas diversas que buscam resolver ou pelo menos amenizar a situação constatada. São estudos que apontam para dificuldades e entraves diversos que vão desde questões de ordem material, como falta de bibliotecas e acesso ao livro, passando pela história, conceitos, funções, objetivos, metodologia e material de ensino, o papel do professor e a formação docente, até questões de ordem curricular.

Tomados em conjunto, esses estudos mostram a recusa ou a falência dos métodos de ensino baseado nos paradigmas tradicionais, tanto no campo conceitual-metodológico quanto em sua recepção pelos alunos, que vai progressivamente marginalizando o ensino da literatura na escola até seu virtual apagamento. Também trazem novas propostas que (re)descobrem a essencialidade da leitura literária e possibilitam a emergência de novos paradigmas ou de um novo paradigma que ainda se apresenta para nós multifacetado em diferentes abordagens, conforme a identificação dos quatro paradigmas contemporâneos.

A ideia de ler o campo do ensino da literatura por meio de paradigmas é uma maneira de refletir e buscar entender em um quadro mais amplo esse diagnóstico de crise e suas propostas de superação. No campo da Educação, vários são os estudos que buscam delinear paradigmas educacionais, não faltando sínteses que apresentam esses paradigmas de forma didática para que sejam mais bem absorvidos pelos iniciantes na área ou que delas se valem para fazer reflexões direcionadas a um ou outro aspecto. Um exemplo, que ajudou na organização deste livro, é a classificação feita por Peggy Ertmer e Timithy Newby (2013), a partir da perspectiva do planejamento educacional. Para os autores, há dois paradigmas históricos no campo da aprendizagem: o empiricismo e o racionalismo. Esses dois são reatualizados em três paradigmas modernos: comportamentalista, cognitivista e construtivista, cada um deles concebido como uma teoria de aprendizagem que, por sua vez, informa o delineamento de objetivos, estratégias e atividades específicas de ensino.

Também no campo do ensino da literatura não faltam leituras baseadas em paradigmas. É o que se pode observar em duas teses de doutoramento defendidas recentemente no Brasil e em Portugal. Na tese defendida no Brasil, Oton dos Santos (2017) identifica três paradigmas ou modelos de ensino de literatura coexistentes: "historiográfico-literário", "concepção pedagógico-literária" e "concebido de educação literária". O modelo historiográfico-literário corresponde ao ensino de literatura através de períodos literários, tal como preconiza a tradição na área e encontra-se explícito nos currículos oficiais e nos livros didáticos. O modelo de concepção pedagógico-literária é inspirado pelo letramento literário e construído a partir dos conhecimentos e da experiência do professor. O modelo concebido de educação literária, por fim, resulta da recusa aos dois modelos apresentados pela escola ou do distanciamento deles, voltando-se para a forma como os alunos concebem e se relacionam com o mundo da literatura fora do ambiente escolar.

Na tese defendida em Portugal, Regina Duarte (2013) distingue igualmente três modelos. O primeiro deles é o "modelo flexível", que busca atender às diversas demandas do ensino da literatura, respeitando as especificidades e as trajetórias diferenciadas dos alunos, dos textos e dos objetivos da leitura literária. O segundo é o "modelo fechado", que remete às práticas tradicionais das aulas de literatura, ou seja, privilégio do texto sobre o aluno, sacralização da literatura como objeto estético ou herança cultural e padronização esquemática nos modos de selecionar e ler os textos literários. O terceiro modelo é denominado "híbrido ou de transição" por se situar entre os dois modelos anteriores, resultando em combinações aleatórias de um e outro. Duarte também identifica três eixos que chama de estruturantes do ensino de literatura: o "acesso aos bens culturais", a "apreciação estética" e o "crescimento pessoal". Esses eixos estariam sempre presentes, com diferentes ênfases, em programas curriculares e outros materiais relativos ao ensino da literatura, constituindo, ao longo da história, as linhas mestras e caracterizadoras dessa área de saber em sua relação de força com os campos cultural, acadêmico e pedagógico.

Essas teses foram antecedidas por outros estudos que já se ocupavam da questão de modelos do ensino da literatura. Um exemplo importante por sua influência no mundo anglofônico e até fora dele é o mapeamento feito por John Dixon (1975) de três modelos no ensino de língua e literatura: o "modelo das habilidades", o "modelo da herança cultural" e o "modelo do desenvolvimento pessoal". Os dois primeiros são modelos que representam o ensino tradicional da área, o mais antigo centrado no desenvolvimento de habilidades que garantam o uso correto da língua, sobretudo na escrita, e, aquele que o sucede e/ou o complementa, voltado para o reconhecimento das grandes obras literárias como exemplares, ambos centrados na autoridade do professor e do saber previamente. Já o terceiro, em contraposição, é uma proposta centrada no desenvolvimento pessoal do aluno a partir de seu engajamento em atividades que envolvem a fala, a escrita e o uso diversificado da linguagem.

Dentre essas e várias outras propostas de delineamento de paradigmas no campo do ensino da literatura, uma síntese feita por Theo Witte e Florentina Sâmihăian (2013) foi de influência decisiva para a elaboração deste livro. O texto desses dois autores faz parte dos resultados de um ambicioso projeto que envolveu pesquisadores de seis países – Portugal, Holanda, República Checa, Romênia, Finlândia e Alemanha – com o objetivo de criar um quadro literário de referência e categorizar níveis de desenvolvimento da competência literária. Para orientar uma comparação entre os currículos de literatura dos seis países, Witte e Sâmihăian identificaram previamente quatro paradigmas de ensino da literatura: *cultural, linguístico, social* e *desenvolvimento pessoal.*

O paradigma cultural é o mais antigo e foi desenvolvido a partir da passagem do estudo do latim para o estudo das línguas nacionais na segunda metade do século xix. Trata-se de uma proposta de formação da elite, até porque o acesso à escola era limitado, baseado na história da literatura e de outras artes, períodos literários, contexto histórico, biografias, grandes obras. Pedagogicamente, segue o modelo da transmissão de conhecimento, com o professor passando informações aos seus alunos que serão posteriormente reproduzidas nas avaliações.

O paradigma linguístico surge após os anos 1940 e tem como matriz as correntes teóricas do *new criticism*, do estruturalismo e da análise hermenêutica. A sua preocupação é com a construção estética do texto e sua devida apreciação, daí o investimento na análise minuciosa dos aspectos formais dos textos para determinar o seu valor literário. O resultado são aulas voltadas para o desenvolvimento da capacidade analítica do aluno, a fim de que pelo estudo das obras canônicas adquira consciência estética.

O paradigma social surge, a partir dos anos 1970, em contraposição ao modelo anterior ao adotar uma mirada sociológica em relação ao texto literário. Aqui, em lugar da consciência estética, busca-se a consciência social. Para tanto, o que importa não é a elaboração do texto, mas sim aquilo que a leitura do texto permite dizer sobre a realidade, sobretudo em termos de crítica social. Com tal perspectiva, o cânone dá lugar a uma grande variedade de obras, mesmo aquelas consideradas não literárias, cujo valor se assenta no caráter engajado ou nos aspectos da realidade que representa. Os alunos são convidados a participar do debate e contribuir para a leitura crítica da obra.

O paradigma do desenvolvimento pessoal, apresentado no final dos anos 1960, desenvolve-se nas décadas finais do século xx. Como diz a própria designação, seu foco é o desenvolvimento do aluno e não o texto ou o conhecimento sobre a literatura ou a realidade social, como nos paradigmas anteriores. Nesse caso, o que vale é a experiência que o aluno pode obter a partir da leitura dos textos e como eles podem contribuir para o seu desenvolvimento ou competência literária, considerando-se as versões mais recentes do modelo. Ao professor cabe o papel de guia ou facilitador desse percurso que o aluno faz através das aulas.

Na apresentação desses quatro paradigmas, os autores deixam claro que estão tratando de abstrações e que, como tal, eles podem ser sobrepostos na realidade da sala de aula. Também que esses paradigmas coexistem nas escolas, com combinações variadas. Na perspectiva dos autores, o paradigma do desenvolvimento pessoal atravessa todos os períodos escolares, sendo seguido pelo paradigma social. O paradigma linguístico é mais proeminente nos anos finais do ensino fundamental e o paradigma cultural, no ensino secundário.

O quadro-síntese dos quatro paradigmas elaborado por Witte e Sâmihăian é composto de sete elementos por meio dos quais apresentam contrastivamente as características de cada paradigma. Esses elementos são: objetivo do ensino de literatura, conteúdo, abordagem dos textos, critério de seleção dos textos, manejo de sala de aula, papel do professor e avaliação. Como se pode observar, esses elementos respondem quase que exclusivamente pelo caráter educacional do paradigma. Tal delimitação é compreensível não só porque se trata de um quadro sintético, como também porque os autores estão preocupados em usar esse quadro como suporte para identificar as semelhanças e as diferenças no ensino de literatura nos currículos dos seis países europeus selecionados. Um estudo focado na descrição dos paradigmas em si mesmos, entretanto, deve ser um tanto mais amplo e necessariamente incluir elementos do campo pedagógico e do campo literário.

Dessa maneira, proponho que uma leitura mais extensiva dos paradigmas do ensino de literatura precisa responder, em primeiro lugar, ao que se entende por literatura em cada paradigma, pois a (1) *concepção de literatura* não só muda de paradigma para paradigma, como também é determinante para a compreensão de seus diversos elementos. O uso de uma mesma palavra não garante que estamos falando do mesmo conceito. Tomar a literatura como um conjunto de obras de alta elaboração estética, por exemplo, é bem diverso de se considerar a literatura como um conjunto de sistemas. Depois é preciso distinguir dois outros elementos que costumam ser confundidos: o (2) *valor da literatura* e o (3) *objetivo do ensino da literatura*. O primeiro se refere à razão de se estudar literatura, uma justificativa da permanência da literatura na escola frente a outros saberes, artes e produtos culturais, podendo tal valor ser compreendido em termos sociais, educacionais ou individuais. O segundo explica para que se ensina a literatura, o que se pretende obter com esse conhecimento, prática ou atividade, conforme o entendimento dos resultados de qualquer disciplina ou saber escolarizado. Um quarto elemento é o (4) *conteúdo* ou o que se ensina quando se ensina literatura, abarcando questões que vão desde o que constitui o conhecimento literário até se a literatura é matéria ensinável.

Definidos esses quatro primeiros elementos conceituais, o próximo passo são os aspectos que levam à organização do ensino da literatura ou às questões de ordem metodológicas. É assim que um quinto aspecto trata da (5) *metodologia* ou como se ensina literatura, os métodos ou as técnicas que favorecem esse ensino segundo o objetivo pretendido. Em seguida, é preciso definir o (6) *papel do professor*, que pode ser aquele que ensina, aquele que conduz ou aquele que medeia a aprendizagem do aluno, assim como o (7) *papel do aluno*, que não é só aquele que aprende, mas também o leitor ou produtor, o leitor geral e sem adjetivo ou o leitor literário, um aluno idealizado construído teoricamente ou um coletivo, como uma comunidade de leitores, um membro da elite ou um cidadão em processo formativo. Depois, vem o (8) *papel da escola*, compreendendo como essa instituição assume um lugar pedagógico entre outros ambientes e meios educativos, como a família, os meios de comunicação e outros espaços de socialização; e o (9) *lugar disciplinar da literatura* na grade curricular, que trata das relações entre ensino de língua e de literatura e revela os diferentes modos de inserção da literatura nos currículos da educação infantil, dos ensinos fundamental e médio.

Por fim, os elementos que atendem às questões mais específicas do cotidiano do ensino da literatura, isto é, as questões pragmáticas que orientam o fazer de professores e alunos em sala de aula. Aqui contam a (10) *seleção de textos*, cujos critérios estão intrinsecamente ligados à concepção de literatura de cada paradigma; o (11) *material de ensino*, ou seja, o material pedagógico preferencialmente usado em sala de aula, podendo ser tão específico como manuais e obras literárias, especialmente destinadas ao ensino, ou obras produzidas sem marcas particulares, conforme a orientação metodológica adotada; as (12) *atividades* de sala de aula, com destaque para a distribuição do tempo de leitura, escrita e oralidade, participação do aluno e outros aspectos; e a (13) *avaliação*, como elemento de realimentação do processo educativo na escola ou mero cumprimento de formalidade escolar.

Naturalmente, todos esses elementos estão estreitamente relacionados e, muitas vezes, conforme a ênfase dada pelo paradigma, a definição de um deles leva necessariamente a outro, superpondo-os ou tornando-os redundantes. Mesmo assim é importante distingui-los, porque até mesmo as superposições ou redundâncias são índices reveladores de como o ensino de literatura é constituído a partir das diretrizes dadas por aquele paradigma. Do mesmo modo, um elemento pode ser pouco relevante para um paradigma, porque já está implícito ou determinado por outro aspecto ou pelo conjunto deles, e fundamental para outro, que o toma como central, e então a descrição de um elemento pode apresentar baixa ou alta relevância, conforme cada paradigma. Além disso, a distinção feita entre esses elementos não significa necessariamente práticas distintas do professor e do aluno em sala de aula ou na escola, pois uma mesma atividade ou atuação pode ser realizada com diferentes propósitos e seguir diferentes pressupostos.

Tal como em outros países do Ocidente, o ensino da literatura entre nós passa do ensino do latim para o ensino do português, seguido do cânone nacional e chegando às propostas mais recentes. São essas similaridades que me levaram à apropriação da síntese de Witte e Sâmihăian para apresentar neste livro uma análise dos paradigmas do ensino da literatura no Brasil. Seguindo a proposta dos autores e ao mesmo tempo considerando nossas especificidades histórico-culturais, identifico no campo do ensino da literatura em nossas escolas seis paradigmas, divididos em dois grupos: um constituído pelos paradigmas tradicionais – *moral-gramatical* e *histórico-nacional* – e outro formado pelos paradigmas contemporâneos – *analítico-textual*, *social-identitário*, *formação do leitor* e *letramento literário*. O detalhamento da constituição desses paradigmas será feito nos capítulos seguintes deste livro.

O paradigma moral-gramatical

> Para conhecimento da língua, que consiste principalmente na propriedade e riqueza das palavras, explique-se, nas lições cotidianas, dos oradores exclusivamente Cícero, e, de regra, escolham-se os seus livros de filosofia moral; dos historiadores, César, Salústio, Lívio, Curtius e outros semelhantes; dos poetas, principalmente Virgílio com exceção de algumas éclogas e do 4º livro da *Eneida*, odes seletas de Horácio e também elegias, epigramas e outras composições de poetas ilustres, contanto que expurgados de qualquer inconveniência de expressão. Conhecimentos eruditos sejam ministrados com parcimônia para estimular às vezes e recrear a inteligência, não para impedir a atenção à língua.
>
> *Ratio Studiorum*

Talvez a característica mais consistente do paradigma moral-gramatical – e que de certa maneira explica a relativa facilidade com que tem sido absorvido, acomodado, tolerado, conciliado e redimido em vários momentos no ensino da literatura – deva ser buscada em um dos preceitos mais conhecidos da arte poética de Horácio: o princípio da combinação entre o útil e o agradável. Em sua carta aos Pisões, na qual sintetiza uma série de ensinamentos sobre a escrita poética, ele sugere que os escritores buscam por meio da poesia ser úteis ou agradáveis ou as duas coisas ao mesmo tempo, sendo essa duplicidade a melhor garantia de sucesso.

Poeta reconhecido em sua própria época e que alcançou fama também na posteridade, Horácio não só aconselha, mas mostra no próprio conselho o que está aconselhando, ou seja, é saber e prática ao mesmo tempo. A lição-exemplo de Horácio não era estranha à literatura greco-romana. Bem antes de sua poética, as fábulas de Esopo já demonstravam a força que ensinamentos éticos adquiriam quando associados ao lavor artístico, assim como as epopeias, as tragédias e as comédias funcionavam como padrões identitários que permitiam aos gregos se verem como uma comunidade, ao mesmo tempo que emulavam individualmente os seus heróis. Dessa forma, pode-se dizer que a fórmula de sucesso horaciana faz parte de um contexto em que o fazer poético era simultaneamente pedagógico, filosófico, ético e estético, até porque era a expressão escrita de uma cultura comum na qual os campos de conhecimento eram indivisos.

Transposto da produção poética para o ambiente escolar, o princípio de unir o útil ao agradável, usando a literatura como meio pedagógico, encontrou no ensino do latim uma de suas formulações mais bem-acabadas. É verdade que o uso da literatura como forma de acesso ao mundo da escrita remontava aos gregos e à origem da própria escola, conforme nos aponta Regina Zilberman (2009) ao sintetizar estudos sobre o tema, tendo como base o texto de Dionísio Trácio. Segundo a autora, a escolarização, que começava na infância, compreendia, ao lado da aritmética e do atletismo, a memorização do alfabeto, inicialmente, e de textos poéticos, posteriormente, sendo a maior preocupação da escola o estudo dos textos literários em uma sequência de leitura oral, verificação da compreensão e aspectos formais e crítica, esta última no sentido de valorização da obra em estudo. Desde a Antiguidade, portanto, os textos literários eram selecionados segundo os objetivos do ensino, constituindo o que seria reconhecido posteriormente como cânone.

No caso do ensino do latim, que chegou até nós por meio da *Ratio Studiorum* dos jesuítas, a ideia mestra era de que os textos literários cumprissem duas funções básicas. A primeira delas era servir de guia para a aprendizagem da própria língua. Como o latim não era a língua materna dos alunos, mas sim língua de instrução, era preciso partir de textos mais simples do ponto de vista estilístico para os mais complexos, que funcionariam como modelos a serem imitados. A segunda era que o conteúdo desses textos literários, cuidadosamente selecionados e não raro expurgados, deveria atender à formação moral dos alunos segundo os ditames da fé católica. Dessa forma, a literatura, por ser agradável, era um veículo útil tanto para o conhecimento da língua latina quanto para a manutenção do catolicismo.

Tratando do ensino do latim no famoso Colégio do Caraça, José Carrato (1968) explica que o ensino organizado pelos jesuítas era fortemente centrado na memorização e na oralidade, tendo como lastro textos literários clássicos. Começava com os alunos memorizando declinações e flexões verbais, depois se passava ao curso de Letras, que era seguido pelo de Filosofia e este pelo de Teologia, numa sequência progressiva e hierarquizada, conforme a idade e a aptidão dos alunos. O curso de Letras ou de Língua tinha por base a gramática, seguido pelos estudos das Humanidades e da Retórica. O ensino da gramática dividia-se igualmente em três partes graduadas: ínfima, média e suprema, tal como explicitado na *Arte de gramática*, do pe. Manuel Álvares, partindo das regras mais simples da sintaxe e de textos mais fáceis até chegar ao domínio da língua e de textos mais complexos, todos analisados em sua composição e comentados pelo professor, servindo, assim, de modelo para a escrita. Esses textos são sempre de autores clássicos latinos renomados, como Cícero, Virgílio e Ovídio, e devidamente selecionados para atender não apenas à progressão dos alunos no conhecimento da língua, como também aos preceitos da moralidade católica.[1]

Transmudados do latim para o ensino da língua materna, esses princípios e práticas pedagógicas, baseadas no uso extensivo de fragmentos de textos literários e assemelhados, se constituíram no centro do paradigma moral-gramatical, conforme veremos a seguir na descrição de seus elementos.

OS CONCEITOS

A concepção de literatura

No paradigma moral-gramatical, a literatura é um *corpo de obras dadas pela tradição*, o que equivale a dizer que são textos que pertencem a um passado valorizado como referência para o presente em termos de idioma e cultura escrita. Trata-se de um conjunto relativamente fechado de textos que são recortados dentro da tradição ocidental, no que tange a traduções e versões, sobretudo de textos gregos e latinos, e obras originalmente produzidas em língua portuguesa, recebendo comumente a denominação de clássicas. Nesse caso, são menos as obras que "que exercem uma influência particular quando se impõem como inesquecíveis e também quando se ocultam nas dobras da memória, mimetizando-se como inconsciente coletivo ou individual", como defende Italo Calvino (1993: 10-11), e mais os textos que, por se constituírem em matéria de ensino, terminam por se repetirem nos manuais escolares, cristalizando-se em um corpo de referências bem delimitadas. É verdade que o incentivo à leitura das obras clássicas faz parte desse paradigma, mas como uma atividade ocasional de estudo e lazer ou fora do ambiente escolar, uma vez que apenas o recorte adotado na escola é que se constitui propriamente em objeto de ensino.

Um traço relevante desse conjunto fechado de obras é que ele não se restringe ao que contemporaneamente se denomina como literatura, isto é, obras ficcionais e poéticas, abrangendo um espectro muito mais largo, quase no limiar da identidade da literatura com a escrita, tal como se usava em tempos antigos. São escritos pessoais e públicos de ordem diversa que abarcam narrativas e poemas ao lado de cartas, discursos, orações, memórias, reflexões, peças teatrais, textos filosóficos e históricos, todos com a marca do tempo que os consagra como tradição literária.

O que permite a reunião desses textos heterogêneos em um todo mais ou menos coeso é, a um só tempo, a autoridade de seus autores, e o caráter duplamente modelar que cada texto assume na coletânea destinada ao uso escolar. Em relação à autoridade do autor, cumpre destacar que o texto recortado representa não só o todo da obra, mas também o autor, em uma operação metonímica em que um vale pelo outro. Dessa forma, o trecho escolhido vale pela leitura integral da obra e a obra, por sua vez, vale pelo prestígio do escritor na qualidade de autor clássico. Já o caráter duplamente modelar se apoia nessa autoridade para ganhar força e fazer do fragmento um modelo a ser referenciado e seguido, tanto em termos de regra gramatical quanto em termos de ensinamento moral.

O valor da literatura

Entendida essencialmente como tradição, a literatura do paradigma moral-gramatical é apresentada como *o legado do melhor da produção cultural da humanidade* ou, pelo menos, daquela que está registrada em língua portuguesa. Embora calcado na tradição, logo localizado no tempo e no espaço, esse 'tesouro' literário é caracterizado como atemporal e universal em suas qualidades textuais. O valor da literatura reside na função civilizatória implícita nessa ideia de legado, ou seja, ao entrar em contato com a literatura referenciada pela escola, os leitores têm o privilégio de acessar uma cultura superior. Dessa forma, eles terão a possibilidade de aprender a falar e escrever corretamente, fruir de maneira adequada as qualidades estéticas dos textos literários e incorporar valores éticos que são parâmetros para o comportamento social das pessoas 'educadas'.

Essa visão da literatura, como um tesouro ou um legado a ser recebido e incorporado para a edificação moral e linguística do aluno, confere aos textos literários um lugar proeminente na formação escolar, sobretudo no horizonte da educação humanística. Não é sem razão, portanto, que ainda hoje alimente ondas nostálgicas no ensino da literatura e campanhas de defesa dos clássicos como fontes inesgotáveis dos valores intrínsecos do ser humano, uma vez que a leitura dos clássicos conduziria a uma melhor e maior compreensão da humanidade.

Tal destaque da literatura na escola tem seu preço. De um lado, há a crítica dirigida a uma formação guiada pela leitura de textos tradicionais que afasta os alunos dos conhecimentos necessários para enfrentar os desafios do presente, normalmente traduzidos como saberes técnico-científicos, como registram diversos autores em relação à educação colonial no Brasil. Daí a expressão pejorativa 'educação literária' quando usada como sinônimo de educação livresca ou distanciada da realidade do aluno. De outro lado, há a monumentalização da literatura que leva professor e aluno a uma atitude de reverência e distanciamento, dando ao texto literário a condição de texto erudito, logo acessível a poucos e marca de distinção social.

O objetivo do ensino da literatura

Dois são os principais objetivos do ensino da literatura no paradigma moral-gramatical: *ensinar a língua* e *formar moralmente os alunos*. No caso do ensino da língua, os textos literários são, por um lado, tomados como modelos de escrita, determinando que suas estruturas composicionais e estilísticas sejam reproduzidas pelos alunos; por outro, são modelos de correção gramatical e uso adequado da língua, servindo de fonte autorizada para determinar o emprego certo ou errado de palavras, expressões e estruturas sintáticas, como se observa nos livros de gramática normativa.

No que tange à formação moral, esse objetivo do paradigma coloca o conteúdo das obras acima de seus aspectos estéticos, embora a apreciação dos clássicos como fruição da 'boa literatura' não esteja longe de seu horizonte formativo. Trata-se de um recorte mais ou menos rigoroso de textos que permitem extrair mais facilmente lições sobre o certo e o errado, o bem e o mal, os vícios e as virtudes, sobretudo quando são dirigidos às crianças menores. Dessa forma, assim como guia o aprendizado da língua por apresentar a expressão formalmente correta, o conteúdo do texto literário também deve orientar a formação moral, apresentando situações ou ensinamentos do comportamento considerado socialmente adequado.

Vista como instrumento para o ensino da língua – logo valorizada pelos seus aspectos linguísticos – e para a formação moral – logo valorizada pelas lições de bom comportamento que os textos poderiam apresentar –, a literatura ensinada no paradigma moral-gramatical é menos um objeto estético e mais uma maneira de veicular por meio da escrita as prescrições da língua considerada culta e dos valores considerados necessários à formação dos alunos. Dessa forma, por ser menos ensino da literatura e mais ensino de preceitos morais e linguísticos, os objetivos desse paradigma terminam por colaborar para os excessos da escolarização dos textos literários.

O conteúdo ou o que se ensina quando se ensina literatura

O conteúdo do paradigma moral-gramatical pode ser definido a partir de duas frentes de uso dos textos literários. A primeira delas compreende *os textos literários como material de leitura*. A segunda responde ao uso *dos textos literários como exemplos da língua considerada culta e modelo para a escrita*. Embora intrinsecamente relacionadas, cada uma dessas duas frentes apresenta particularidades que unem os objetivos do ensino às práticas de sala de aula.

Em relação à literatura como material de leitura, o objetivo é a formação moral, mas esse conteúdo raramente se apresenta de forma isolada. Na maioria das vezes, ele se integra aos ensinamentos religiosos ou sociocomportamentais para o direcionamento correto da formação virtuosa dos alunos. Também tal integração se dá usualmente em bases normativas, ou seja, os textos contêm modelos de comportamento que devem ser explorados como regras a serem seguidas, conforme as medidas da fé e da sociabilidade, sendo essas regras, mais que os textos, o conteúdo do ensino.

No que tange à literatura como exemplo de uso da língua culta e modelo para a escrita, o conteúdo é constituído tanto pelos textos como por um conjunto de conceitos, regras e classificações que determinam a análise do texto e fundamentam a sua seleção como exemplar. Aqui é preciso compreender que esse conteúdo predominantemente gramatical, acompanhado da poética e da retórica, está intrinsecamente ligado à preocupação com o uso castiço da língua, logo o que se busca nos textos literários são os usos excepcionais da língua, aqueles que se apresentam raros ou pelo menos pouco usuais nas práticas cotidianas da fala e da escrita. Daí resultando uma visão da expressão literária como ornamento precioso de elegância e erudição, além do traço comumente atribuído à educação da elite colonial no Brasil como literária, que se coaduna com as noções de tesouro e legado inscritas na literatura como tradição.

A ORGANIZAÇÃO

A metodologia ou como se ensina literatura

O ensino da literatura ou, mais propriamente, o trabalho com os textos literários dentro do paradigma moral-gramatical é essencialmente analítico. Trata-se de *analisar no sentido de descrever detalhadamente e explicar os elementos que compõem o texto, dissecar o texto para demonstrar o seu apuro linguístico-cultural e assegurar a compreensão da lição moral nele contida*. Para que essa análise seja bem-sucedida, são necessários alguns requisitos.

O primeiro deles é a extensão do texto. É praticamente impossível ou pelo menos pouco produtivo realizar uma análise minuciosa de um texto longo, composto de muitas páginas. Tal procedimento só é pertinente em textos breves ou fragmentos porque demanda um grande esforço descritivo. Depois, a análise de um texto extenso implica repetições e variações do mesmo fenômeno, o que pode gerar dispersão e tem pouco proveito quando o objetivo é colher um procedimento de escrita para ser seguido como modelo. Além disso, o princípio desse tipo de análise é fazer caber o texto em uma grade descritiva que lhe é anterior, evidenciando conceitos e categorias analíticas universais, logo não se justifica o investimento em evidenciar em textos longos o que pode ser obtido em textos curtos e mais facilmente manipuláveis.

Outro requisito é o uso da memória. Como o texto é repetidamente retomado e verificado em suas minúcias, convém que alunos e professor envolvidos nessa operação analítica o tenham memorizado para que possam fazer e acompanhar a dissecação sem interrupções, uma vez que consultas ao texto escrito podem desfocar a atenção e prejudicar a sequência dos trabalhos. A memorização também é importante para facilitar as ênfases quando da oralização do texto e evidenciar a qualidade e o valor dele por meio de recursos, como a citação e a paráfrase, aplicados a comparações entre os textos ou aplicação do texto a outros contextos.

Há, ainda, a necessidade do comentário. No paradigma moral-gramatical, o comentário não só é essencial para o fim da edificação moral do aluno, como também abre e fecha a análise do texto. Na abertura, o comentário cumpre a função de contextualizar o excerto e seu autor, informando o aluno sobre dados que auxiliam a decifração do texto. No fechamento, o comentário é necessário para assegurar a compreensão do texto segundo a leitura do professor e evidenciar o valor linguístico-cultural que a análise buscou demonstrar.

Esse trabalho analítico aplicado ao texto literário, fortemente amparado na gramática, na poética e na retórica, é um dos aspectos mais contestados do paradigma moral-gramatical, usualmente visto como uma prática desprovida de sentido. Em parte, por seu caráter mecânico de aplicação de categorias e classificações ao texto, deixando de lado suas especificidades estéticas ou aquilo que justamente o eleva à condição de literário. Em parte, pelo longo tempo dedicado a uma tarefa árida que mais bloqueia do que favorece a fruição e a interpretação do texto.

O papel do professor

O professor do paradigma moral-gramatical é, antes de tudo, um erudito. Ele é ou deve ser um profundo conhecedor dos textos que são objeto de ensino, até porque como são apenas fragmentos, é necessário que tenha o conhecimento do texto completo para informar o que antecede e sucede ao recorte apresentado ao aluno. Esse conhecimento da obra completa também é necessário para sustentar a defesa da qualidade literária da obra e sua condição de texto clássico. Aqui entram, ainda, os conhecimentos históricos e biográficos referentes à obra, assim como suas relações intertextuais, citações e estrutura composicional, com a devida ênfase nos aspectos sintáticos e lexicais, além de tópicos de poética.

Dado esse perfil, o papel do professor consiste basicamente em transmitir os conhecimentos que possui a respeito dos textos selecionados como material de ensino, destacando o caráter modelar dessas obras. Dessa forma, tendo como base a análise, a função do professor é comentar o texto, esclarecendo o vocabulário, a estrutura sintática e os dados históricos e culturais mencionados, ou seja, a ele cabe 'destrinchar' o texto para que o aluno tenha a compreensão desejada pela escola desse texto.

Também é seu papel comandar as diversas fases da leitura e da escrita que tomam os textos literários como modelos, determinando o que, quem, quando e como se pode ler e que tipo de operação realizar como escrita frente ao texto. Essas operações podem ser simples cópias, com o fim de auxiliar a memorização, até o comentário, passando por paráfrases, versões simplificadas, transposição de um registro estilístico para outro e análises.

O papel do aluno

Se ao professor cabe transmitir, ao aluno *cabe receber sem questionamentos e com a devida reverência os textos e os ensinamentos que eles oferecem*. Esse papel passivo do aluno é acentuado pelo intenso trabalho pedagógico a que é submetido, a exemplo da atividade de escrita que começa pela cópia, passando pela imitação, até chegar à emulação, aqui consideradas como graus distintos de relação com o texto, no qual contam ainda a citação, a paráfrase, a glosa e, em alguns casos, a paródia. Cópia, imitação e emulação que não se restringem à forma dos textos, mas alcançam também os conteúdos por meio da formação moral já no lado da leitura.

A passividade do papel do aluno é, de certa forma, compensada pela sua condição de membro de uma elite em processo formativo. Nesse sentido, os saberes precisam ser recebidos e incorporados sem modificações, porque a exibição deles posteriormente será um símbolo de refinamento. Por um lado, saber falar e escrever com desembaraço sobre os textos e os autores vistos na escola são atitudes esperadas do político, do advogado, do jornalista, do letrado, do intelectual diletante que assumem, por meio desse saber, o pertencimento à classe dos bem-educados ou bacharéis-doutores. Por outro lado, esse conjunto de referências comuns, construído mais pela memória dos excertos do que pelo efetivo conhecimento das obras, proporciona uma certa identidade afetiva que assinala seus membros como parte de uma comunidade, ainda que bastante rarefeita, de leitores.

O papel da escola

Se a literatura é concebida como um tesouro, o papel principal da escola é atuar como *guardiã desse acervo precioso para que permaneça intacto e disponível de geração para geração de alunos*. Para bem cumprir seu papel de guardiã, a escola opera por meio de quatro ações integradas: guardar, organizar, reverenciar e transmitir.

A guarda dos textos literários não implica necessariamente uma operação física, ou seja, os livros considerados clássicos ou tradicionais nem sempre são encontrados na biblioteca da escola. Trata-se da manutenção daquele conjunto limitado de obras como um padrão ou referência para a formação moral e a instrução gramatical do aluno. É por isso que, embora haja listas de leituras obrigatórias, na maioria das vezes, o acesso ao texto integral é dispensável, porque a referência é dada pelo professor e pela reunião de fragmentos das obras em coletâneas escolares.

A organização é feita, sobretudo, por meio dessas coletâneas, que, além de fisicamente guardarem fragmentos e dados biográficos, dispõem esses textos segundo uma ordem de complexidade e propriedade temática. Essa operação garante a coesão do conjunto de obras, facilitando o seu uso em sala de aula ao mesmo tempo que o preserva como material adequado de ensino.

A reverência começa com a citação de autores e obras nos currículos ou na prescrição de listas de leitura. Nesse caso, o que é citado torna-se automaticamente referência e adquire a condição de ser objeto de estudo aprofundado com consequente veneração. Essa operação tem seu ponto alto na sala de aula, quando o professor introduz os textos como essenciais ou de conhecimento obrigatório por suas qualidades como obra literária, consagrando-os como valiosos e, portanto, dignos de um tratamento respeitoso.

A transmissão é uma operação que se processa pelo uso contínuo e preferencial dos textos como referência tanto em documentos oficiais da escola quanto em sala de aula. É esse uso que determina a permanência daquele conjunto de obras e, em última e circular instância, o que as define como parte da tradição, consequentemente valiosas para serem guardadas, organizadas, reverenciadas e transmitidas pela escola para as próximas gerações.

O lugar disciplinar da literatura

Dado que o ensino da leitura e da escrita nesse paradigma é comumente realizado nas disciplinas de Gramática, Retórica e Poética, a literatura não possui um lugar próprio na grade curricular. Nessas disciplinas, *a literatura é um conteúdo que está inserido no ensino da escrita, ou seja, ela faz parte de ensinar a ler e escrever, do acesso e do domínio da escrita.*

Aparentemente, o ensino dos textos clássicos como material de leitura e modelos de escrita coloca a literatura em proeminência, respondendo acertadamente pelo epíteto de educação literária para a predominância do paradigma moral-gramatical no ensino da escrita. Todavia, quando se olha mais de perto, verifica-se que esse destaque é ilusório, seja por conta dos objetivos do ensino que ignoram o texto literário como tal, seja porque o material tomado como literário é restrito a um conjunto muito limitado de textos.

Não obstante, cumpre reconhecer que no paradigma moral-gramatical, a literatura tem um lugar certo nas disciplinas de Gramática, Poética e Retórica, independentemente de estar a serviço da aprendizagem de regras, classificações e categorias textuais ou da moral, demandando o seu reconhecimento como matéria relevante na escola. Além disso, prega-se constantemente a importância e a necessidade do conhecimento das obras clássicas, oferecendo com elas um senso histórico para o ensino da língua e da cultura.

A PRÁTICA

A seleção de textos

A rigor, não há propriamente seleção de textos no paradigma moral-gramatical, porque *os textos já estão de antemão dados pela tradição, conforme a condição de clássicos*. Também como esses textos já estão dispostos nas listas de leitura e nas coletâneas, resta tão somente seguir a ordem predeterminada.

O professor, porém, pode ignorar certos textos com os quais não tenha muita afinidade ou estender-se sobre aqueles com os quais se identifica, sendo perfeitamente legítimo dentro do paradigma tal procedimento. O que não pode acontecer é a inclusão de textos não autorizados pela tradição e sancionados pela escola ou por outra autoridade superior, ou seja, como a escola é guardiã da tradição, essa tradição não pode obviamente ser alterada segundo a simples disposição do professor ou dos alunos.

O material de ensino

O material preferencial para o ensino de literatura no paradigma moral-gramatical não é, como se poderia supor, uma obra clássica integral, antes *uma coletânea de textos, que pode receber a designação de florilégio, seleta e antologia*. Ali estão dispostos os textos literários devidamente recortados e ordenados para o uso em sala de aula. É o que se pode observar, por exemplo, em coletâneas do século XIX usadas no Brasil, como o *Íris clássico*, do poeta português José Feliciano de Castilho Barreto e Noronha (1859), cujo subtítulo "ordenado e oferecido aos mestres e alunos das escolas brasileiras" não deixa dúvida sobre seu uso escolar. Trata-se de um conjunto algo desalinhado de excertos de obras de autores portugueses e brasileiros que "o geral consenso traz canonizados por mestres desta formosa língua²" (Noronha, 1859: 5).

Em geral, essas coletâneas recebem, além obviamente do ato de recortar, uma intervenção mínima do organizador, normalmente o acréscimo de um título que revela ou sintetiza o conteúdo do excerto. É assim com *Ornamentos da memória*, de José Inácio Roquette (1873), cujos títulos dos excertos em prosa servem para orientar o professor e os alunos em "exercícios de leitura e análise gramatical e lógica nas escolas primárias, e para temas nas aulas da língua latina e francesa ou inglesa" (Roquette, 1873: VIII). De fato, alguns dos títulos são bem reveladores dos usos e das intenções didáticas da seleção, a exemplo de "Verdades morais, políticas e econômicas, extraídas de vários autores portugueses" e "Lanço de amizade. — Máxima importante sobre os casamentos, que sempre devem ser entre iguais".

Mas há também aquelas que se preocupam em apresentar os textos com informações que determinam o seu direcionamento escolar. A coletânea organizada por Henrique Midosi, por exemplo, em sua quinta edição, não só deixa claro em seu título a sua destinação, *Poesias seletas nos diversos gêneros de composições poéticas para leitura, recitação e análise dos poetas portugueses no 1º, 2º, 3º e 4º ano do Curso Geral dos liceus*, como também é acompanhada de notas explicativas e "à frente de cada gênero dei uma breve ideia de sua índole, espécies, assunto, versificação própria e estilo conveniente" (Midosi, 1868: 3).

Para além das antologias, a literatura também se faz presente nos manuais de gramática, retórica e poética. Nesses manuais, o texto literário comparece como exemplo, seja do uso vernáculo da língua, seja dos conceitos e categorias que se pretende ensinar. É o que se observa tanto na *Arte da gramática da língua portuguesa*, de Antônio José dos Reis Lobato (1770), que cita esparsamente fragmentos de textos camonianos; quanto na *Gramática filosófica da língua portuguesa*, de Jerônimo Soares Barboza (1822), cujo último capítulo é uma análise gramatical de fragmentos de *Os Lusíadas*; e nas *Lições elementares de eloquência nacional* (1840) e *Lições elementares de poética nacional* (1851), ambas de Francisco Freire de Carvalho. Em todos esses casos, o que se tem é um ensino que se vale do texto literário para explicitamente tratar de outra coisa, uma aplicação tão bem-sucedida do conselho de Horácio que, mais tarde, com o desaparecimento da Poética e da Retórica como disciplinas independentes, esse conteúdo em seu lado mais diretamente associado ao texto literário, como é o caso das figuras de linguagem, vai ser tomado como um dos tópicos da matéria ou da disciplina literatura na escola.

As atividades de sala de aula

Dada a identidade da literatura como material básico do ensino por conta de sua associação com a escrita, quase todas as atividades de aula são marcadas pelo uso direto ou indireto do texto literário. Dessa forma, tomando como base a leitura de antologias, manuais, biografias e estudos diversos sobre o ensino da leitura e o funcionamento da escola no século XIX, é possível sintetizar essas atividades em quatro núcleos de ações: *a oralização, o comentário, a análise e a composição, compreendendo que eles constituem não uma sequência, mas sim pontos de intersecção a partir dos quais as atividades didáticas são organizadas no cotidiano da sala de aula.*

A oralização pode começar pelo professor que lê o texto para demonstrar o modo correto de pronunciar as palavras e as frases indo até os exercícios de eloquência, mas é uma atividade que cabe primordialmente ao aluno. Dessa forma, a atividade de leitura é sempre feita em voz alta, com o professor determinando os turnos entre os alunos, recortando o texto em pedaços sucessivos ou promovendo um momento de leitura completa para um deles, como forma de evidenciar a capacidade de ler. A oralização também se faz na correção de questionários e exercícios feitos a partir dos textos literários, a tomada da lição feita pelo professor, novamente em conjunto ou aluno por aluno. O ponto alto da oralização é a recitação de poemas ou declamação de algum texto em prosa, quando também entram em cena a memória e uma relação afetiva com a literatura, favorecendo seu reconhecimento como patrimônio e tradição.

O comentário é uma atividade essencialmente professoral. Por meio dele, o professor introduz e contextualiza os textos, cabendo aos alunos anotar e memorizar esses dados para, posteriormente, reproduzi-los em suas falas, exercícios e composições. Comentar o texto é, portanto, uma forma de apresentá-lo para que o aluno obtenha os elementos necessários à sua oralização e compreensão, as duas operações que atendem pela leitura discente. Essa apresentação pode ser um exercício de erudição, com o professor demonstrando seus conhecimentos, os elementos culturais e históricos presentes no texto, a exemplo de referências mitológicas, ou uma simples reprodução das informações que o professor memorizara sobre aquele texto. Sendo uma ou outra situação, o comentário é feito independentemente da participação do aluno, funcionando, em seus bons momentos, como uma espécie de hermenêutica para consumo do texto em sala de aula.

Ao lado do comentário, às vezes se confundindo com ele, às vezes totalmente distinta, encontra-se a análise textual. Trata-se de uma atividade pós-leitura em que o professor ou os alunos, com o auxílio deste, dissecam o texto em seus elementos constitutivos com o fim de compreendê-lo. Aqui a ênfase maior vai para o léxico, cuja explicitação busca resolver as dificuldades de compreensão, e para a sintaxe, que responde pela gramática e como aproveitamento do texto para o conhecimento da língua. Em ambos os casos, a análise demanda uma leitura intensiva e recortada dos textos para destacar termos e exemplos, assim como a memorização de conceitos a serem aplicados a esses textos, quer seja o sentido dicionarizado dos vocábulos, quer sejam os termos poéticos e as categorias gramaticais. Eventualmente, a análise também pode assumir a forma de um questionário respondido por escrito para posterior conferência oral das respostas. No conjunto, a análise funciona como uma exegese do texto, ocupando a parte nobre da aula, pois é por meio dela que se transmitem conhecimentos linguísticos e se assegura a compreensão da mensagem moral embutida no texto.

Por fim, a composição, que em sua prática mais elementar é uma simples cópia de trechos selecionados, compreende uma série de atividades de escrita marcadas pela reprodução em algum nível de um texto literário. Aos alunos cabe "compor" um texto que demonstre seu conhecimento da literatura, tanto em termos de estrutura quanto de informação cultural, podendo conter citações, analogias e alusões ou se apresentar como uma imitação ou paráfrase ou, ainda, resultado de uma inspiração direta, como na glosa. O engenho com que o aluno seja capaz de manejar o texto ou os textos literários que lhe servem de referência é que determina o valor da composição. Dessa forma, apesar de enfatizar a submissão ao que já está dado, a composição ajuda o aluno a organizar por meio da escrita a sua relação com os textos estudados, possibilitando que sejam incorporados ao seu horizonte de expressão cultural.

A avaliação

A avaliação tem como instrumento qualquer uma das atividades desenvolvidas normalmente em sala de aula, não raro combinadas em um conjunto sequenciado. *O que a distingue é o caráter exclusivo da sua realização, ou seja, o dia da avaliação é um dia excepcional, para o qual o aluno deve se preparar intensamente.*

Como em qualquer regime de pedagogia transmissivista, a ênfase do processo avaliativo é na reprodução do que foi anteriormente estudado, demandando, portanto, a memorização dos conteúdos, em alguns casos até mesmo a repetição *ipsis litteris* do que foi dito pelo professor ou que se encontra impresso nos livros. Todavia, nem sempre se trata de simplesmente repetir, tanto na leitura dos textos quanto nos exercícios gramaticais e retóricos, há que se aplicar de maneira correta as informações e as regras memorizadas. Dessa forma, pode-se dizer que a avaliação no paradigma moral-gramatical visa testar, por um lado, a memória do aluno; por outro, a capacidade de reproduzir com adequação as informações guardadas na mente.

O questionamento

Se tomarmos como marco o uso do português como língua oficial e a legislação sobre o seu ensino em meados do século XVIII, conforme as reformas promovidas pelo marquês de Pombal, o paradigma moral-gramatical explicitado anteriormente alcançou um amplo período de vigência que chega até o final do século XIX, quando passa a ser contestado e perde a hegemonia para o paradigma histórico-nacional.

Externamente, um ponto crítico para a perda de hegemonia do paradigma moral-gramatical foi a transformação da escola no final do século XIX e início do século XX, que passou a ser organizada e controlada pelo Estado em um movimento internacional de 'modernização' do qual o Brasil começou a fazer parte. Ainda que com os percalços típicos de qualquer processo de mudança educacional, a direção assumida por esse movimento sempre foi no sentido de tornar o ensino mais pragmático e utilitário, substituindo a cultura literária pela técnico-científica (Souza, 2000).

A nova configuração introduziu diferentes disciplinas na educação de crianças e jovens e reorganizou as já existentes. Além disso, não ocorria apenas no plano curricular, mas também era acompanhada de mudanças de tempos, materiais e espaços escolares (Faria Filho e Vidal, 2000). É assim que se tem a construção de prédios próprios para o funcionamento da escola, por exemplo do Grupo Escolar, além do sistema seriado, dos materiais didáticos e dos livros escolares, ou seja, todo um conjunto que impacta o ensino como um todo e, em particular, o ensino da literatura. Há que se registrar, ainda, que todo esse processo de modernização se fez justamente em oposição à tradição, que é parte essencial do paradigma moral-gramatical. Dessa forma, não é sem razão que usualmente todas essas alterações no campo escolar fossem apresentadas pelos pares opositivos humanidades x ciência, formação literária x formação científica, com a óbvia valorização do segundo termo.

Internamente, outro ponto relevante foi a produção de material didático exclusivamente para o ensino, que procura contemplar o leitor infantil e juvenil. Esse movimento começou ainda no final do século XIX e ganhou hegemonia nas escolas do século XX com a onipresença do livro didático. Em seus primórdios, esse material escolar pode ser identificado, como destacam Antônio Augusto Batista, Ana Galvão e Karina Klinke (2002), a partir de dois grandes tipos: as séries graduadas e os livros isolados. As séries graduadas são coleções de livros destinados ao uso escolar por série, que vão progredindo em complexidade e extensão à medida que avançam nos anos escolares. Uma das mais célebres são os cinco livros de leitura de Abílio César Borges, o barão de Macaúbas. Já os livros isolados podem ser livros que funcionam como manuais de leitura, como *Coração*, de Edmundo de Amices, não sendo necessariamente produzido para uso na escola, e *Através do Brasil*, de Olavo Bilac e Manuel Bomfim, explicitamente destinado ao ensino. Também podem ser coletâneas e antologias destinadas à leitura das crianças dentro ou fora da escola, a exemplo de *Contos da carochinha*, de Figueiredo Pimentel, ainda que em muitos casos não falte também o caráter claramente utilitário e escolar dessas antologias, como se pode ver no prefácio do *Livro das crianças*, de Zalina Rolim, em que se lê: "O *Livro das Crianças* vai ser de inapreciável valor para o ensino de nossas escolas. É mais do que um simples livro de leitura, é um modelo sugestivo para o ensino da linguagem oral e escrita" (Rolim, 1897).

Do ponto de vista do paradigma moral-gramatical, esses impressos escolares contrariam o conceito da literatura como conjunto de obras dadas pela tradição, assim como seu caráter de legado a ser preservado, tal como recebido e transmitido pela escola. Afinal, são textos produzidos especialmente para o uso escolar e por autores contemporâneos. Também as acomodações feitas com a chegada desses textos eram paliativas e pouco satisfatórias para esse paradigma de ensino da literatura. A separação entre o ensino primário, com esses novos textos, e o ensino secundário, que permanece com a literatura tradicional, cria um abismo entre os dois níveis que ainda hoje dificulta o ensino da literatura na escola básica. Do mesmo modo, as adaptações das obras clássicas para as crianças, que revelam a compreensão da infância como um momento especial, apagam os elementos de elaboração literária tão caros aos defensores desses textos e negam aos leitores acesso ao texto tradicional autêntico, impedindo que funcione como modelo linguístico. O mais grave é que essa produção toma a literatura como forma e não mais como um produto cultural precioso por seu caráter único e singular. Desse modo, o discurso literário passa a ser veículo dos mais diversos conteúdos, tal como vemos contemporaneamente com os livros paradidáticos.

É assim que, entre outros fatores, o paradigma moral-gramatical abre espaço para o surgimento e o consequente domínio do paradigma histórico-nacional, que vem com uma disciplina própria e conteúdos distintos para o ensino da literatura, conforme veremos a seguir. Todavia, como um paradigma não desaparece, antes se dispersa, ajustando-se ao novo contexto em que perdeu hegemonia, o paradigma moral-gramatical não foge à regra. As suas práticas mais ou menos ressignificadas e seus avatares enfraquecidos ou degradados podem ser encontrados, ainda hoje, nos livros didáticos, com suas antologias de fragmentos, a exploração do texto sem interpretação, o texto como base para conteúdos gramaticais e o modelo de aula dividido entre leitura, preleção e exercício. Também se fazem presentes na ênfase em descrições e na categorização de elementos dos textos ou até mesmo fora deles, como as listas de figuras de linguagem e recursos semelhantes associados ao ensino da literatura. Assim como podem ser vistos na apropriação escolar da literatura oral ou de tradição popular e na ênfase na mensagem da obra que busca, a todo custo, tirar uma lição do texto. Acima de tudo, o paradigma moral-gramatical permanece no uso instrumental do texto literário para ensinar não apenas princípios morais, mas também toda sorte de conteúdos que a escola julga importante ministrar para os alunos, em uma nefasta, mas nem por isso menos eficiente, apropriação do lema horaciano de instruir e deleitar simultaneamente.

A queda do paradigma moral-gramatical também significou perdas para o ensino da literatura. A mais importante delas é que o senso histórico da língua e da cultura, proporcionado pelo contato intenso com os textos literários do passado, deixa de ser relevante na formação do aluno leitor, limitando consequentemente sua capacidade de olhar para além de seu mundo, de sua época e de seus valores contemporâneos. Outra perda, não menos importante, é a instauração do falso dilema entre ensinar sobre literatura e ensinar literatura, que atravessará o paradigma histórico-nacional e ainda se fará presente em nossos dias em muitas discussões e propostas a respeito do ensino da leitura, sobretudo nas orientações oficiais. *No paradigma moral-gramatical não havia esse dilema porque ensinar literatura era uma atividade que permeava toda a formação do aluno, por isso não havia por que distinguir o saber da sua materialidade, ambos eram face de uma mesma e única moeda.*

NOTAS

[1] "Tome todo o cuidado, e considere este ponto como da maior importância, que de modo algum se sirvam os nossos, nas aulas, de livros de poetas ou outros, que possam ser prejudiciais à honestidade e aos bons costumes, enquanto não forem expurgados dos fatos e palavras inconvenientes" (Franca, 1952: 51).

[2] Estão atualizadas para a ortografia vigente essa e todas as citações seguintes.

O paradigma histórico-nacional

> Esmeramo-nos em repelir tudo que não respirasse a honestidade que cumpre manter no ensino, observando, como pais de família e educadores, o máximo respeito que, como disse um romano, todos devemos à puerícia. O apartamento dos escritores em brasileiros e portugueses fizemo-lo só na fase contemporânea, em que claramente se afastaram as duas literaturas como galhos vicejantes a partirem do mesmo tronco. Antes disso, razão de ser não houvera tal apartamento, que apenas se fundara em ciúmes de nacionalidade, muito mal cabidos na serena esfera das letras.
>
> Fausto Barreto e Carlos de Laet, *Antologia nacional ou Coleção de excertos dos principais escritores da língua portuguesa do 20º ao 16º*

O dilema entre ser nacional ou regional e ser ocidental ou universal perpassa boa parte da produção e da crítica literária no Brasil. Discutir o que é próprio e o que alheio ao Brasil na obra deste ou daquele escritor sempre rendeu boas polêmicas, como aquela efetivada entre José de Alencar e Joaquim Nabuco ainda no final do século XIX. Com a perspicácia e a sutileza que lhe eram próprias, Tânia Franco Carvalhal (2003) destaca que nessas discussões se costumam elencar, bem como defender, as características ou os elementos que são peculiares ao Brasil, colocando em segundo plano o fato de que toda construção identitária necessita da diferença para ser reconhecida como tal e que na literatura, assim como em outras produções culturais, o alheio caminha lado a lado com o próprio.

Olhando a questão por outro ângulo, Luís Costa Lima (1996) explica que, no romantismo normatizado, a construção da literatura nacional tem como base uma operação metonímica: o poeta expressa em sua obra um modo de ser próprio da nação. É pela condição de expressão singular da nação que a preservação, a promoção e a divulgação da literatura nacional passam a ser uma matéria de interesse do Estado. No caso da América Latina, a literatura assim concebida ocupou papel relevante junto ao processo de autonomia política. Coube à literatura assegurar a expressão da identidade nacional, o que foi feito por meio da observação e da descrição da natureza na falta de lastro dado por obras anteriores, como acontecia em países de maior tradição literária. Em consequência, houve uma certa limitação do que se concebia como literatura ou como literatura a ser valorizada, pois a obra para ser adequada precisava, dentro do padrão descritivo-realista, atender à possibilidade de ser lida como uma alegoria da pátria.

Dentro dessa concepção de literatura, determinados autores e obras são eleitos representantes do país, garantindo na absorção de modelos estéticos europeus o que era próprio do Brasil e limitando e legitimando, por essa diferença, a representação literária da identidade nacional. Emerge, assim, um novo paradigma de ensino da literatura: o histórico-nacional. A marca definidora desse paradigma é o nacionalismo que faz a ponte entre a literatura e a história na história literária e entre esta e a escola, ou seja, *o paradigma histórico-nacional é resultado da interligação do nacionalismo com a história literária e a escola.*

Sobre o nacionalismo, é preciso recordar com Lúcia L. Oliveira (1990) que se trata, em primeiro lugar, de uma construção ideológica que opera pela definição de um povo a partir de sua diferença frente a outros povos. Não é sem razão, portanto, que o paradigma histórico-nacional tenha emergido justamente no final do século XIX e início do século XX, quando o país vivia uma intensa discussão do que era ser brasileiro e consequente afirmação da nacionalidade; nem que a disciplina Literatura Brasileira, instituída de forma claudicante na escola secundária desde esse período, tenha finalmente se firmado como disciplina independente no período ditatorial do Estado Novo, quando o Brasil vivia outro surto agudo de nacionalismo (Razzini, 2000; 2010). Depois, ainda segundo Oliveira (1990), o nacionalismo tem como marca registrada o salvacionismo, seja o resgate de um passado, seja a preservação de um futuro glorioso. No caso da literatura, o nacionalismo se presentifica na história da literatura nacional, a qual encontra na escola seu veículo por excelência, ou seja, é o ambiente ideal para a preservação e a divulgação da glória e da identidade da nação que os autores e as obras literárias representam.

O fato de a historiografia literária brasileira nascer intimamente ligada ao ensino da literatura é destacado por vários autores. Uma última contribuição nesse sentido foi feita por João Escobar Cardoso (2016), para quem, seja pela herança de florilégios e parnasos, seja como material necessário para o ensino da literatura nacional no Colégio D. Pedro II, mesmo antes de existir uma disciplina específica com tal fim, os compêndios e os manuais de história da literatura brasileira surgem e têm a escola como destinatária. Ainda segundo Cardoso, esse ensino da literatura sinônimo de história da literatura tem sua origem nas disciplinas de Retórica e Poética, recebendo delas conceitos e princípios metodológicos. É o que se constata com a dupla período e gênero, com os quais se organizam sequencialmente autores e obras nos primeiros manuais e permanecem como linhas mestras do currículo da disciplina até nossos dias na forma dos estilos de época, afora o ensino por meio de fragmentos que se tornam exemplos tanto do lavor literário quanto dos estilos que supostamente representam.

Essas ratificações de Cardoso são importantes para nosso estudo por duas razões: a primeira é que, para além da relação ideológica entre as histórias literárias e a consolidação dos Estados nacionais já apontada por outros autores, enfatiza-se que é por meio da escolarização como história da literatura brasileira que se definem e elaboram o cânone e a tradição literária do país. Depois, fica claro que a emergência do paradigma histórico-nacional não se fez por meio de uma ruptura radical com o paradigma anterior, antes por uma espécie de sobrelevação ou acomodação entre eles, permitindo que fossem mantidas várias linhas de continuidade. É isso que se deve levar em mente na descrição que irei fazer a seguir dos vários elementos que compõem o paradigma histórico-nacional.

OS CONCEITOS

A concepção de literatura

Talvez a melhor definição de literatura no paradigma histórico-nacional seja a metáfora do "espelho da nação", tal como detalhada no estudo de Mônica Velloso (1988) sobre a literatura no Estado Novo. De fato, esse é o critério geral pelo qual são recolhidas e organizadas as obras no seio das histórias literárias. É também o critério principal pelo qual as obras são valorizadas como literatura e passam a constituir a tradição e o cânone nacional. Daí que sejam incorporados, no conjunto das obras literárias, textos de valor puramente documental do período colonial, como é o caso da Carta de Caminha e dos cronistas quinhentistas, ou uma produção claramente didático-religiosa, como a do padre Anchieta. O que importa aqui é menos o valor estético que a obra possa ter e mais o seu aspecto documental ou testemunhal de uma brasilidade que preexiste até mesmo à independência política do país. Afinal, dentro dessa concepção, *a literatura é um conjunto de obras distribuídas ao longo do tempo, cujo elo principal é relatarem o Brasil.*

Valorizado como representante da identidade cultural do país e organizado temporalmente de modo a constituir uma tradição, esse conjunto de obras tem outros critérios de composição, como a naturalidade dos autores ou sua 'adesão' ao Brasil. Também demanda 'fidelidade' ao que é considerado específico, o qual é traduzido usualmente em termos descritivos-realistas ou mesmo geográficos, fazendo a fortuna dos diversos regionalismos ou alimentando a ideia de essência nacional que opõe o interior à costa, o rural à cidade, implicando o primeiro termo uma pureza de identidade que o segundo, contaminado com o contato permanente com o estrangeiro, teria perdido. Não faltam, ainda, o uso correto da língua (a vernaculidade exemplar), que permite recuperar aqueles autores e obras que não se enquadram nos critérios anteriores, como é o caso flagrante de Machado de Assis, e a atualização estilística, que traduz para o ambiente nacional as inovações realizadas em outros países, a exemplo da poesia de Cruz e Souza como representante do simbolismo, ou mesmo que se apropria do que é externo para reafirmar o que é interno, como teria sido o caso do modernismo em relação às vanguardas europeias.

Essa pluralidade hierarquizada de critérios é necessária porque, dentro da lógica do nacionalismo que determina a concepção de literatura no paradigma histórico-nacional, não se pode deixar de ter o equivalente nacional daquilo que é valorizado em outros países. Afinal, a construção da tradição nacional visa fazer frente a outras tradições nacionais, daí comungar com elas os termos de comparação que são bem representados pelos estilos ou períodos de época. Além disso, como essa definição de literatura tem endereçamento prioritariamente escolar, é preciso que o cânone nacional possibilite o uso dos textos no ensino da língua portuguesa, assim como na formação moral dos alunos. Daí se evitar os 'excessos' temáticos, elegendo apenas determinadas obras de um autor como verdadeiramente representativas, e, ainda, que o critério documental ou testemunhal inclua o retrato melhorado do país ou o retrato que se deseja e imagina ser da nação.

O valor da literatura

O valor da literatura no paradigma histórico-nacional é derivado de seu papel representacional, ou seja, *a literatura vale porque ela nos diz o que é o Brasil* (e por extensão o que é ser brasileiro). Porém, não é só isso. Como a literatura é também identificada com o cânone construído via história literária, seu valor vai além da simples representação para ser a melhor representação, aquela que nos define e nos diz o que é verdadeiramente o Brasil. Nesse sentido, a literatura funciona como uma espécie de tradutor cultural, filtrando no conjunto das obras selecionadas o que merece ser guardado e louvado como nacional, não só em relação ao conjunto das obras escritas, mas também, por extensão, no que diz respeito a outras artes e manifestações culturais, como é testemunho o seu lugar destacado na escola.

Além disso, a literatura tem um valor pedagógico como instrumento de formação do leitor. Nesse caso, é preciso distinguir os leitores aprendizes, aqueles que estão em processo de aquisição e domínio da escrita, sobretudo nos anos escolares iniciais, dos leitores cultos, os quais se objetivam formar ao final do processo escolar. Para os primeiros, os textos literários servem como modelos de escrita e correção no ensino da leitura dentro da disciplina de Português, uma vez que o aprendizado da leitura nunca é um fim em si mesmo (Zilberman, 1996). Para os segundos, tendo já o hábito da leitura formado, destina-se o conhecimento sobre a literatura como história literária, sendo a identificação de autores, obras e estilos de época a sua marca de distinção intelectual. Dessa maneira, a literatura, assim como no paradigma moral-gramatical, tem um valor de distinção social, mas agora esse valor está intimamente associado à condição nacional, ou seja, é elemento distintivo do intelectual brasileiro, cuja formação não pode prescindir do conhecimento da literatura nacional.

O objetivo do ensino da literatura

Na perspectiva do paradigma histórico-nacional, a literatura é um saber basicamente escolar. Nessa condição, *o objetivo maior da literatura como disciplina e prática escolar é formar o brasileiro como brasileiro*, o cânone nacional funcionando simultaneamente como uma síntese histórica e, por sua condição artístico-estética, a expressão mais refinada da brasilidade. Em outras palavras, ensinar literatura é ensinar por meio do conhecimento sobre as obras literárias como nos constituímos e aquilo que nos define culturalmente como nação.

Tal objetivo tem especificidades relevantes. Vale a pena destacar três delas. A primeira é que para cumprir esse objetivo se opera uma seleção não só no âmbito da produção literária, mas da cultura como um todo, do que é característico do Brasil, fazendo da literatura o cenário preferencial de disputa entre diferentes concepções do caráter nacional ao longo do tempo. O resultado é que, com isso, não só se diminui ou restringe o caráter ficcional da literatura, como também não se indaga como opera o mecanismo de seleção para a construção do que é considerado nacional, ou seja, não se explicita o que se oculta ou o que se deixa de fora da identidade nacional (cf. Fiorin, 2009). Também não se revela o efeito homogeneizador dessa caracterização em relação às diversas expressões culturais do país, nem se explica por que tal seleção é necessária para se constituir em matéria escolar. Em outras palavras, não se questiona por que, diante de uma sociedade extremamente desigual como a brasileira, a literatura impressa dos livros foi escolhida para funcionar como lugar de construção e representação da identidade nacional (cf. Oliven, 1990[1]).

A segunda especificidade é que a nacionalidade oferecida pela literatura tem como lastro a língua portuguesa, cuja adoção, se, por um lado, torna homogêneo e unifica o registro escrito no país, por outro, coloca em evidência a complexa questão da autonomia do uso brasileiro em relação ao uso português. As polêmicas sobre a língua brasileira ou português brasileiro, em que escritores e outros intelectuais se engajaram em diversos momentos da história, revelam as dificuldades de se conciliar a requerida especificidade de representar o Brasil com as exigências de vernaculidade a partir da norma lusitana ou de uma tradição que nela se fundamenta. Mais que isso, as disputas em torno da língua nacional e língua oficial, sem falar de variedades, como norma culta e norma-padrão, deixam claro o caráter político da língua que se determina para ser objeto de ensino nas escolas (cf. Faraco, 2016; Bagno, 2004).

A terceira especificidade é que o ensinar a ser brasileiro também envolve, sobretudo nas séries iniciais, uma preocupação de desvelar o país às crianças aliada à formação moral por meio de textos literários ou mais propriamente pedagógicos com roupagem literária. Trata-se de dar a conhecer tanto as diversas regiões do país, destacando os aspectos físicos, sociais e o habitante 'típico', quanto os valores positivos (tomados como tradicionais) que identificam o povo brasileiro. Dessa forma, a literatura, com seu quanto de poesia e ficcionalidade, tem como objetivo ajudar a cumprir essa missão pedagógica de incutir nas crianças o sentimento de nacionalidade, não raras vezes com os recursos do patriotismo e do ufanismo, ao lado de ensinamentos morais.

Um exemplo muito claro desse objetivo essencialmente pedagógico é exposto no prefácio de *Através do Brasil*, livro de leitura de Olavo Bilac e Manoel Bonfim. Inicialmente, há o conhecimento geográfico e sociocultural do país: "Estamos certos de que a criança, com sua simples leitura, já lucrará alguma coisa: aprenderá a conhecer um pouco o Brasil; terá uma visão, a um tempo geral e concreta, da vida brasileira – as suas gentes, os seus costumes, as suas paisagens, os seus aspectos distintivos" (Bilac e Bonfim, 2013 [1910]: 5). Depois, vem a parte da formação moral: "E também quisemos que este livro seja uma grande lição de energia, em grandes lances de afeto. Suscitar a coragem, harmonizar os esforços, e cultivar a bondade – eis a fórmula da educação humana" (Bilac e Bonfim, 2013 [1910]: 5). Por fim, vem o caráter documental que verdadeiramente justifica e confere valor à obra: "Justamente porque procuramos apenas um pretexto para apresentar a realidade, preferimos ilustrar este livro somente com fotografias; se há nestas páginas alguma fantasia, ela serve unicamente para harmonizar numa visão geral os aspectos reais da vida brasileira" (Bilac e Bonfim, 2013: 6).

O conteúdo ou o que se ensina quando se ensina literatura

Tal como acontece no paradigma moral-gramatical, o conteúdo do que se ensina como literatura muda conforme cada nível de ensino, o primário e o secundário, embora ambos estejam recobertos pelo objetivo geral de ensinar o Brasil. No nível primário, o paradigma histórico-nacional não considera que se ensine literatura propriamente dita, porque a ideia é de se ensinar a ler com a ajuda dos textos literários que podem até ser parte de obras canônicas, mas que não têm no seu conhecimento o verdadeiro fim. O resultado é que predomina como conteúdo da literatura, nesse nível de ensino, uma espécie de protoliteratura que compreende os textos recolhidos da tradição popular na forma de lendas, causos, anedotas, rimas e similares nomeados como textos folclóricos, ao lado de textos escritos especialmente para as crianças com endereçamento escolar. Estes últimos são poemas e narrativas ficcionais que podem ser identificados como parte da literatura infantil, assim como descrições alongadas em que se empregam alguns recursos retóricos e que apenas muito de longe poderiam ser elencadas como literárias.

No nível secundário, quando o ensino de literatura é identificado como tal até pela existência de uma disciplina ou conteúdo curricular expresso com essa denominação – Literatura ou Literatura Brasileira –, o conteúdo do que se ensina é a história da literatura. Seguindo o roteiro dado pelos manuais, essa história é dividida em períodos ou estilos de época, ou seja, é uma história combinada com uma abordagem estético-estilística, compartilhada com as artes em geral e tendo como referência a produção artístico-literária francesa. Na maioria dos casos, começa com as origens da literatura portuguesa, em uma mistura nem sempre muito clara entre história da língua, da escrita e das manifestações culturais, até o classicismo. A partir desse momento ou paralelamente a ele, inicia-se a literatura brasileira com a literatura dos viajantes ou literatura colonial, que reúne a Carta de Caminha, crônicas e relatórios em geral de cunho descritivo e parte da produção didática dos jesuítas. Depois vêm os estilos artístico-literários conforme as denominações dadas para os movimentos artísticos: barroco, arcadismo ou neoclassicismo, romantismo, realismo, naturalismo, parnasianismo, simbolismo, pré-modernismo, modernismo e suas gerações, e contemporaneidade ou pós-modernismo. Este último, normalmente, é um panorama a partir dos anos 1950 que pode trazer movimentos específicos como concretismo, entre outros. Para singularizar tais movimentos, mostrados em uma sucessão esquemática, opositiva e pendular, são enumeradas características e um elenco de autores e obras que, supostamente, evidenciam essas características. Ocasionalmente, algumas das obras listadas, sobretudo aquelas de menor extensão, são objetivo de leitura, mas essa não é uma atividade prioritária, uma vez que o que se privilegia como conteúdo é o conhecimento sobre a literatura e não a experiência da literatura em si mesma.

Apesar de coincidentes em alguns aspectos, o conteúdo do ensino da literatura no paradigma histórico-nacional é simultaneamente mais amplo e mais restrito do que no paradigma moral-gramatical. É mais amplo porque incorpora ao campo do literário, ainda que em condições precárias, o folclore e as obras direcionadas às crianças, que não tinham lugar no mundo dos clássicos. Também porque alarga o horizonte temporal da literatura ao aceitar a produção do presente, desde que devidamente referendada pela crítica, isto é, sancionada como parte do cânone. É mais restrito porque limita esses textos ao nacional, recusando ou limitando por esse critério o espaço que obras literárias de outros países – à exceção de Portugal por questões coloniais – poderiam ter no espaço escolar.

A ORGANIZAÇÃO

A metodologia

No nível primário, a literatura é inteiramente subordinada ao uso pedagógico, o que significa que não é reconhecida como disciplina, nem mesmo matéria de ensino. É assim quando fornece material para a iniciação à leitura. É assim quando funciona como modelo para o ensino da língua portuguesa. É assim quando facilita o ensino de outros conteúdos, revestindo-os com um véu de ficcionalidade, e veicula ensinamentos morais, dando continuidade à perspectiva escolar da fórmula horaciana de instruir deleitando. Por essa razão, não se pode falar propriamente de metodologia do ensino da literatura nesse nível de ensino.

No nível secundário, no qual a literatura é matéria e disciplina, *a metodologia segue o padrão transmissivista, o modelo de ensino dominante na primeira metade do século xx*. Trata-se, como se sabe, de uma concepção pedagógica em que o conhecimento se reduz a um conjunto de informações que é transmitido sem modificações do professor ao aluno, sendo o primeiro aquele que possui e repassa as informações e o segundo, aquele que as recebe e guarda, conforme a educação bancária tão bem criticada por Paulo Freire (1996).

Nessa relação mecanizada, cujos elementos – o professor, o conhecimento e o aluno – são dispostos de forma estanque, a memória e a repetição ocupam uma posição central. O bom professor é aquele que guarda na memória detalhes e curiosidades que os livros não trazem em suas generalidades. O conhecimento é essencialmente aquilo que está disposto nos livros, isto é, as informações sobre a literatura que devem ser memorizadas para serem reproduzidas ou confirmadas nos testes. O aluno, que não tem nome, nem origem, nem história, é um recipiente homogêneo que nada sabe e tudo precisa aprender na escola, logo o bom aluno é aquele que consegue reproduzir com o máximo de fidelidade as informações recebidas.

O papel do professor

O papel do professor é basicamente *informar o aluno sobre a história da literatura*. Inicialmente, como havia precariedade de material didático, o professor era a fonte primeira dessas informações, seguindo, de certa forma, o perfil de erudito do paradigma anterior. Aliás, os primeiros autores de manuais de história da literatura são professores, como é o caso de uma obra pioneira na área, o *Curso elementar de literatura nacional*, do cônego Fernandes Pinheiro, assim como o *Compêndio de história da literatura brasileira*, de Sílvio Romero e João Ribeiro, todos professores no Colégio D. Pedro II.

Posteriormente, com as transformações da escola e do perfil do professorado, assim como a presença cada vez mais intensa dos manuais nos processos de ensino, a função de informar passa para o livro didático, que é organizado não só para fornecer dados que antes ficavam a cargo do professor, como também servir de guia curricular e determinar a própria estrutura da aula. Dessa forma, em lugar do professor, tem-se um instrutor, que faz o aluno acompanhar as leituras e os exercícios presentes no manual. Nos melhores casos, esse instrutor pode "enriquecer" o manual com exposições que complementam ou reforçam os dados ali apresentados, acrescentando detalhes sobre o contexto de época e a biografia dos autores, incluindo textos literários que são de sua preferência ou que, por alguma razão externa, como o vestibular, lhe são impostos como relevantes para a leitura dos alunos. Nos casos mais comuns, é o livro didático ou o apostilado que comandam a aula, cabendo ao professor o papel de um instrutor que determina as páginas a serem lidas, tira eventuais dúvidas e confere, com a ajuda do livro do mestre, o resultado de exercícios e questionários aplicados para aferir a capacidade de memorização dos alunos (Buzen, 2001).

O papel do aluno

Se ao professor cabe transmitir o conhecimento sobre a literatura, ao aluno cabe receber esse conhecimento sem questionamentos e tratar de memorizá-lo para posterior reprodução nos exercícios, nas provas e nos testes de seleção, cujo exemplo maior é o vestibular. Para cumprir esse papel, o aluno não precisa conhecer efetivamente os textos a que se referem as informações dadas pelo professor e pelo livro didático, nem mesmo dar importância aos trechos que servem de ilustração para as escolas literárias, basta guardar na memória o nome dos autores, das obras e os estilos aos quais estão associados.

Não surpreende, portanto, que a disciplina Literatura seja considerada pelo aluno um saber essencialmente bibliográfico, cuja racionalidade está fora do seu alcance (e, infelizmente, em não poucos casos, também do professor) e para qual a única alternativa de aprovação é a memorização da matéria. Muito menos que recuse a leitura integral extraclasse de alguma obra indicada pelo professor, preferindo o resumo feito por alguma outra pessoa, pois identificar a temática e conhecer o enredo é o que realmente importa para responder ao questionário e acompanhar a preleção do professor.

O papel da escola

De acordo com o princípio nacionalista que orientou a construção da história literária brasileira, cabe à escola estabelecer um espaço para a confirmação da identidade nacional, para o conhecimento da cultura brasileira e para a aprendizagem da literatura considerada sua manifestação mais culta.

Essa versão, digamos oficial, do papel da escola no paradigma histórico-nacional precisa ser complementada por duas outras funções que ficam implícitas. A primeira delas é que também cabe à escola legitimar, como guardiã e disseminadora, o cânone literário nacional. A definição e os limites do que é a tradição literária brasileira dependem em grande parte dos textos que são selecionados e dos manuais didáticos que são adotados para o ensino da literatura. A segunda é que a escola não só é o lugar por excelência do ensino da história da literatura, como também é o único local onde esse conhecimento encontra uma razão para sua efetivação, uma vez que não parece ter muito sentido fora dela.

O lugar disciplinar da literatura

Como já apontado, não se pode falar propriamente de ensino de literatura no nível primário porque, a despeito do largo uso do texto literário, a literatura é apenas material de ensino, meio para o ensino da leitura e da língua, veículo de informação sobre o país e formação moral, entre outras funções. Até mesmo porque não se reconhece, dentro do paradigma histórico-nacional, um valor ou identidade efetivamente literária para grande parte desses textos, sobretudo quando oriundos da tradição popular ou formulados pedagogicamente. Quando as obras propriamente literárias ou canônicas são usadas, elas são distinguidas como tal, mas aí o seu papel é de modelo linguístico ou de exemplo de uso criativo de recursos da língua, para o qual a obra deve ser reconhecida e admirada a distância.

Dessa forma, *a literatura só é matéria e disciplina no ensino secundário*, sendo que a condição de disciplina nos moldes do paradigma histórico-nacional só acontece quando entra para a grade curricular com um horário específico e passa a ser cobrada nos vestibulares. Essa inclusão, segundo Marcia Razzini (2010), é feita de idas e vindas, a partir de 1891, com a inserção da disciplina História da Literatura Nacional na última série do Colégio Pedro II, até 1931, quando passa a ser exigida aos candidatos ao curso de Direito, com a Reforma Francisco Campos, e em 1942, quando essa exigência se estende a todos os cursos secundários, com a Reforma Capanema.

Essa posição disciplinar da literatura no ensino secundário possui alguma ambiguidade em relação às disciplinas História e Língua Portuguesa que lhe são correlatas, o que talvez ajude a explicar em parte a trajetória claudicante apontada por Razzini. De um lado, ela aparece como tributária da História do Brasil, uma vez que a rigor seu conteúdo é a história singularizada de uma manifestação artística. Nesse caso, o que faz da literatura uma disciplina é o estudo do contexto e o percurso cronológico dos estilos de época, assim como a biografia dos escritores, sendo as obras meros testemunhos materiais de uma tradição cultural. De outro, a literatura se apresenta como expressão maior da língua pelo que se irmana naturalmente à disciplina Língua Portuguesa, funcionando como um apêndice ou suplemento dela. Aqui a disciplina se preocupa com as características dos períodos estilísticos, os escritores são referências no uso estético da língua e as obras são material necessário para a formação do leitor culto. Entre um e outro lado, a servir de liga do amálgama de língua e história que constitui a disciplina, está a literatura como manifestação artística da cultura brasileira, ou seja, o cânone literário brasileiro a ser conhecido ou, mais propriamente, reverenciado.

A PRÁTICA

A seleção de textos

Se fosse valer apenas a lógica nacionalista do paradigma histórico-nacional, os textos selecionados seriam aqueles que melhor representassem a identidade cultural do país. Todavia, entram nessa seleção outros critérios, tais como vernaculidade, posição social, étnica e genérica dos escritores, reconhecimento da crítica, elaboração estética etc. Esses diversos critérios, hierarquizados e aplicados conforme elementos intrínsecos e extrínsecos que vão das características temáticas e formais de cada texto ao momento histórico de sua produção e circulação, constituem *um conjunto de obras que se identifica como o cânone literário brasileiro*. São essas obras e autores, organizados cronologicamente na história literária, que se constituem em objetos de parcas leituras, e muitas referências e reverências, por parte de professores e alunos na escola.

Dessa forma, tal como acontecia no paradigma anterior, há um conjunto de obras e autores previamente selecionados para o ensino da literatura. Todavia, ao contrário da lista das obras clássicas – que era considerada imutável em seu ordenamento até porque era herança de um passado distante –, com as obras canônicas, o professor tem alguma autonomia na escolha do que será lido por seus alunos. Isso porque a canonização da história literária se aplica igualmente a obras e autores, permitindo que a escolha do que será efetivamente lido possa recair sobre uma ou outra obra do mesmo autor, a exemplo de José de Alencar, cujo indianismo pode ser representado por *O guarani*, *Iracema* ou *Ubirajara*. Além disso, dado que o ordenamento de obras e autores é feito nos blocos dos períodos estilísticos, com diversos autores e obras, é possível escolher na lista dos representantes do período aquele que lhe parecer mais interessante. Assim como é também possível combinar a leitura de um autor maior com a de um autor menor, uma obra maior e uma obra menor do mesmo autor ou de autores distintos, até para evidenciar a permanência das características em diferentes textos, ou como um autor pode transitar de um período a outro, segundo suas fases de produção, tal como os manuais fazem com Machado de Assis, que teria uma fase romântica e outra realista.

Essa relativa abertura do cânone, entretanto, nem sempre resulta em escolhas adequadas ao objetivo de formação do leitor brasileiro culto. Em primeiro lugar, porque frente às dificuldades de compreensão apresentadas pela temática e pelo registro linguístico, as obras mais distantes do presente são evitadas, sob o argumento de que são enfadonhas e pouco atrativas aos alunos. O resultado é que as leituras dos períodos iniciais da história literária se restringem a fragmentos e poemas curtos que já se encontram presentes nos manuais.

Depois, porque, sob o mesmo argumento da facilitação de acesso, a preferência recai sobre autores e obras de menor expressividade junto ao cânone, supostamente de mais fácil leitura. Esse tipo de escolha acontece mesmo com autores considerados essenciais, como se verifica, por exemplo, pela fortuna escolar dos romances *A viuvinha* e *Cinco minutos*, os quais são tidos pelos manuais de história literária como obras de menor alcance literário de José de Alencar (Bezerra, 2012).

Por fim, pesa no processo de seleção a própria ampliação temporal do cânone, com a inclusão permanente de novas obras e autores, tornando impraticável realizar a leitura singular de vários textos dentro da repartição do tempo escolar. Em consequência, tende-se a desconsiderar as obras mais recentes e as mais antigas, sendo a lista das obras do cânone reduzida a uns poucos textos que, pela formação do professor ou alguma outra razão fortuita, são indicados para a leitura integral.

O material de ensino

O material de ensino que trata da literatura no paradigma histórico-nacional é bem mais diversificado do que no paradigma anterior. As antologias continuam presentes nas salas de aula, mas, dessa vez, os textos são selecionados e ordenados seguindo a demanda do nacionalismo associada a fins pedagógicos. O exemplo maior é a famosa e longeva *Antologia nacional*, de Fausto Barreto e Carlos de Laet, de 1895, composta por excertos de obras literárias clássicas e modernas, organizados em um sentido histórico invertido. Nessa obra, conforme destaca Marcia Razzini, os autores combinam o critério nacional com os da vernaculidade e da formação moral, uma vez que o objetivo era ensinar português e não a história literária, ainda que possibilitassem alguma formação literária pela leitura dos excertos (Razzini, 2010).

Nessa mesma linha, podem ser elencadas as coletâneas igualmente destinadas ao uso escolar de forma menos imediata, algumas mais voltadas ao caráter nacional, tais como *Contos pátrios*, de Coelho Neto e Olavo Bilac (1904), e *Histórias da nossa terra* (1907), de Júlia Lopes de Almeida; e outras ao caráter pedagógico, como em *Contos infantis*, de Adelina Lopes Vieira e Júlia Lopes de Almeida (1886), *Páginas infantis*, de Presciliana Duarte de Almeida (1907) e *Poesias escolares*, de Oscar Leme Brisola (1917). Trata-se de um modelo que terá largo sucesso editorial como material pedagógico, ainda que a rigor esses livros não possam ser classificados como didáticos, mas sim paradidáticos, uma vez que não se destinam ao uso diário e sistemático na sala de aula (Batista, Galvão e Klinke, 2002). Nem por isso, essas obras deixam de subordinar o aspecto literário ao fim pedagógico e identitário, como deixa claro Olavo Bilac no prefácio de seu *Poesias infantis*: "O que o autor deseja é que se reconheça neste pequeno volume, não o trabalho de um artista, mas a boa vontade com que um brasileiro quis contribuir para a educação moral das crianças de seu país" (Bilac, 1929 [1904], s.l.).

Ao lado das antologias que assinalam o cânone literário nacional e das coletâneas aparentemente destinadas à "leitura recreativa" na escola, apresentam-se, ainda, obras produzidas especificamente para o ensino da leitura e endereçadas, sobretudo, aos alunos do nível primário. É assim com o já referido *Através do Brasil*, de Olavo Bilac e Manoel Bonfim (1910); e os livros de leitura ou séries graduadas de leitura, a exemplo dos cinco da série de Felisberto Rodrigues Pereira de Carvalho (1892), os quatro livros de leitura da série Puiggari-Barreto, de Romão Puiggari e Arnaldo de Oliveira Barreto (1904), e os quatro livros da série de leitura *Pedrinho*, de Lourenço Filho (1953-1956). São obras didáticas de feições diversas que têm em comum o fato de usarem o discurso literário como uma roupagem para os conteúdos que querem ensinar, comportamentos que pretendem promover e habilidades que buscam desenvolver.

Há, ainda, um tipo de livro que sintetiza todo esse uso da literatura como material didático de leitura e veículo da identidade nacional próprio do paradigma histórico-nacional. Trata-se do manual escolar ou livro didático que, como herdeiro direto das antologias e das seletas em prosa e verso, está centrado na representação da pátria, seja através do cânone, seja por meio de uma temática essencialmente nacional ou nacionalista, seja pelo cuidado que dedica à formação moral e cívica dos leitores. Nesses manuais didáticos, os textos literários são material de leitura que se apresentam separadamente ou como auxiliares do ensino da língua portuguesa, normalmente de gramática e redação. Em grande parte, esses textos são fragmentos de pequena extensão, a despeito de manterem, na maioria dos casos, a coerência textual; possuem vocabulário ou sintaxe simplificados, visando facilitar a legibilidade; e adotam uma visão adulta do mundo infantojuvenil, mesmo quando trazem crianças como personagens ou apresentam situações infantojuvenis no texto. Todos os textos são vazados em uma forma literária, mesmo quando tematizam questões históricas ou cívicas, fazendo do discurso literário um grande filtro para a produção escrita, a exemplo do que acontece com textos de fundo informativo que são assinados por autores canônicos da literatura brasileira, e evidenciando o caráter modelar da escrita literária, ou seja, o uso de recursos literários como sinônimo de bem escrever.

No manual didático do ensino fundamental, a literatura é objeto de leitura e não propriamente de ensino, até porque não se reconhece a literatura como uma matéria específica, mas tão somente como um veículo privilegiado de conteúdos que são considerados essenciais para a formação do aluno. Quando assume a condição de disciplina no secundário, entretanto, o material por excelência do ensino da literatura é o manual de história da literatura que, progressivamente, se transformará no moderno livro didático de literatura. A referência para o primeiro é o *Compêndio de história da literatura brasileira*, de Silvio Romero em colaboração com João Ribeiro (1906). O manual, que como diz a nota de advertência resulta de estudos anteriores agora 'severamente' didatizados, é composto de duas partes: uma introdução, em que se discute a formação da cultura brasileira e da literatura brasileira em termos teóricos, e a história da literatura propriamente dita, dividida em séculos e, dentro destes, em fases quando relevante, a partir do século XVI até o presente dos autores. Apesar de divididos por 'gêneros', uma vez que os autores incorporam como literários textos de diversas origens, o centro da obra são os autores apresentados em termos biográficos, comentários críticos e trechos das obras sucessivamente. Trata-se, como se pode verificar, de um ensino sobre a literatura que une história e literatura em uma tradição histórico-biográfica que passa, daí por diante, a identificar a disciplina literatura na escola.

Os modernos livros didáticos de literatura brasileira adotados nas escolas de ensino médio são tributários dessa tradição e, de certa maneira, da fórmula de Romero e Ribeiro (Oliveira, 2008). É assim que são constituídos por um introito teórico em que apresentam conceitos de arte, literatura e outros que hoje identificamos como provenientes da teoria da literatura, tais como linguagem literária, gêneros literários, periodização, elementos da narrativa e da poesia, isto é, uma síntese retórico-poética da literatura. É depois desse introito que vem a história da literatura segundo os diversos estilos de época. Cada estilo é apresentado a partir de um 'contexto' histórico, que nada mais é do que um panorama histórico-artístico ou um conjunto de dados cronológicos associado àquele estilo. Em seguida, vêm as características do estilo, os escritores representativos, acompanhados de dados biográficos e breves comentários críticos, e as obras mais relevantes, das quais trechos são destacados como exemplos. Como se trata de um manual para uso em sala de aula, para cada estilo há atividades que devem ser realizadas pelos alunos, conforme comentaremos a seguir. Aqui vale a pena destacar que os textos selecionados como exemplos dos estilos de época não apenas seguem o estabelecido pelo cânone da história literária, como também passam por outras e mais sutis seleções. Uma delas é que os trechos escolhidos são aqueles que melhor se adéquam aos traços elencados previamente, uma coisa reforçando a outra em um processo algo tautológico. Outra é que esses trechos são em número reduzido, considerando a produção do autor e dos autores da época, isto é, representam muito pouco daquilo que dizem representar. Outra, por fim, é que se dedica mais espaço aos períodos do final do século XIX e início do século XX, supostamente a fase de consolidação da literatura brasileira, do que aos estilos mais próximos do presente e do passado mais distante, gerando a impressão de uma espécie de idade do ouro da literatura que lhe retira a historicidade, ao mesmo tempo que a aprisiona nesse passado mitificado.

Desse modo, sobre o material de ensino de literatura no paradigma histórico-nacional, pode-se dizer que, a despeito de toda sua aparente diversidade, trata-se de variações de dois usos da literatura na escola. Um deles é *o ensino com a literatura, que é o que acontece nas antologias, nos livros de leitura e no manual de língua portuguesa*, em que o texto literário, por seu caráter estético, serve de material para o ensino da leitura e de veículo preferencial dos valores que a escola deseja promover junto ao aluno. Outro é *o ensino sobre a literatura, quando o saber literário é identificado com a história literária enquanto estilos de época*. A unir esses dois usos está o princípio da identidade nacional que sustenta o paradigma histórico-nacional. Não é sem razão, portanto, que essas obras pedagógicas procurem a um só tempo desvelar e afirmar a singularidade do Brasil, seja através de releituras da cultura popular, seja mediante a exaltação de suas paisagens e de vultos heroicos, seja por meio da afirmação de uma tradição literária similar à de outras nações. Nessa construção, não se descuida dos valores morais e cívicos que devem ser buscados e exercidos individualmente, a exemplo da bondade e do respeito aos mais velhos. É assim que os deveres para com a pátria e os bons costumes irmanam-se para a formação do cidadão brasileiro. A literatura exerce nessas obras pedagógicas um papel fundamental porque é por meio dela que a pátria é configurada como tal. Em outras palavras, é a literatura que informa a face da pátria, modelando-a através do folclore, dos seus costumes e de sua história, mas também, e sobretudo, por meio da própria escrita literária que é, simultaneamente, veículo e testemunha da sua especificidade.

As atividades de sala de aula

As atividades de sala de aula do paradigma histórico-nacional são determinadas por três questões relevantes. A primeira é que há uma linha de continuidade com as atividades do paradigma anterior, ou seja, as mudanças propostas pelo novo paradigma absorvem e mantêm muitas das práticas anteriores, gerando um efeito de permanência ou de transição sem ruptura. Dessa forma, aparentemente mantidas, as práticas do paradigma moral-gramatical vão sendo reformuladas ou ressignificadas, conforme as características que a escola, os professores e os alunos vão assumindo ao longo do tempo. Um exemplo é a oralização que anteriormente visava desenvolver a eloquência dos alunos, fazendo, portanto, sentido a prática constante da leitura em voz alta e as recitações de poemas como parte de uma memória afetiva com o texto literário. No paradigma histórico-nacional, a metodologia transmissivista dá pouco espaço para a voz do aluno, assim, desenvolver a eloquência deixa de ser relevante no processo escolar, mantendo-se apenas a leitura em voz alta dos textos, o que leva muitos alunos e professores a associarem erroneamente a competência da leitura à capacidade de oralizar os textos. Além disso, como essa leitura oral é feita sem nenhuma expressividade, mesmo quando praticada pelo professor, e não raro antecede a compreensão do texto quando feita pelo aluno, termina sendo uma atividade vazia que parece ter a única função de ocupar o tempo da aula. Uma consequência dessa aparente continuidade é o saudosismo de uma escola anterior supostamente mais eficiente e coerente em suas práticas de ensino que, como todo saudosismo, ignora ou não consegue perceber as diferenças e as novas condições do momento presente. Também tende a gerar certo imobilismo e resistência a novas propostas e tentativas diversas de modernização em nome de um funcionamento tradicional que, por estar estabelecido por tanto tempo, tem garantia de sucesso, mesmo que limitado.

Outra questão relevante é que *há uma nítida separação entre o ensino com a literatura e o ensino sobre a literatura*. As práticas de sala de aula deste último, até porque costuma ter um espaço curricular específico como disciplina, são similares às de outras disciplinas da área de humanidades que seguem a metodologia transmissivista, consistindo em uma exposição oral do conteúdo feita pelo professor, sustentada pela leitura de um texto prévio ou posterior, seguida por atividades de verificação da assimilação das informações por meio de questionários, testes e recursos similares. Já no ensino com a literatura, no qual a leitura do texto literário é requisito primeiro da atividade, as práticas de sala de aula secundarizam ou ignoram por completo a formação do leitor literário e o caráter estético do texto, enfatizando o conteúdo do texto ou a ação pedagógica que dele faz uso. É assim que o texto literário serve para ensinar algum comportamento considerado adequado e para valorizar as grandezas da pátria ou para desenvolver a habilidade da leitura e destacar as categorias gramaticais, usualmente as duas coisas a um só tempo. As atividades usuais do ensino com o texto literário são aquelas em que se demanda ao aluno que complete frases, copiando determinadas palavras ou trechos do texto, e que retire do texto tantos adjetivos, tantos substantivos, tantos pronomes, tantas frases interrogativas, exclamativas, declarativas e assim por diante.

A terceira questão a se considerar é que *em qualquer das modalidades de ensino da literatura é determinante a presença do livro didático*. Essa dependência é tamanha que, mesmo quando o livro didático não é efetivamente usado pelo professor em sala de aula, é a sequência leitura-texto-exercício determinada por ele que serve de modelo para a prática docente (Cosson, 1999). Além de fixar um modo único de abordar a atividade de leitura na sala de aula, o livro didático enfrenta, ainda, muitos e variados problemas no que diz respeito à seleção dos textos, não raro sem autenticidade, fragmentados e sem coesão. Além disso, homogeneízam, por serem uma seleção prévia e fixa, as diferentes necessidades de leitura dos alunos e reduzem a pluralidade da produção literária a uns poucos gêneros e textos padronizados. Do mesmo modo, os exercícios que propõem costumam apagar o caráter literário dos textos, uma vez que os tratam de forma pragmática e buscam apenas verificar, conforme o modelo transmissivista, se os alunos conseguem reproduzir as informações anteriormente expostas. Também tendem a se fixar apenas na identificação de aspectos formais desligados do conteúdo dos textos, entre tantas outras marcas desabonadoras do que Magda Soares (1999) muito propriamente denominou de escolarização inadequada da literatura.

No caso específico do manual de história da literatura, as atividades propostas não apresentam problemas menores. Um fato bastante comum é a identificação das características do período estudado em fragmentos de textos, um exercício impossível de resolver sem as informações adicionais de autoria e contexto. Outro é a localização de figuras de linguagem e outros artifícios retóricos para comprovar que um determinado texto é literário, como se a condição estética de uma obra pudesse ser medida pela maior ou menor quantidade desses elementos. Há também a escansão de versos e a classificação de rimas, que parecem ter como objetivo tão somente demonstrar como o texto poético é complexo, e as perguntas em que, segundo o livro do mestre, a resposta é pessoal, ou seja, qualquer resposta vale, numa compreensão limitada e limitadora da pluralidade de sentidos do texto literário e da subjetividade do aluno. Não faltam, ainda, os testes de múltipla escolha e lacunares que preparam o aluno para responder, exaustivamente, a duas ou três questões de literatura do vestibular, com alguns manuais chegando ao requinte de reproduzir extensamente questões de vestibulares anteriores, comprovando a percepção comum entre os alunos de que estudar literatura consiste apenas em memorizar dados selecionados.

Além dessas três questões gerais e determinantes das atividades de sala de aula do paradigma histórico-nacional, há, ainda, a leitura de textos integrais como atividade extraclasse. Nesse caso, as práticas de registro dessa leitura ligadas ao paradigma histórico-nacional são igualmente pouco animadoras. Uma delas é o resumo da obra que simplesmente apaga do texto literário as suas especificidades linguísticas, reduzindo-o a um texto informativo. Outra é o questionário que revela meramente a capacidade de o aluno encontrar os detalhes do texto de forma compreensiva. Há também a ficha de leitura ou o roteiro que fecha as várias possibilidades de interpretação em uma única e "correta" forma de ler aquele texto. Por fim, o debate sem direção e sem propósito que, quando não é uma conversa em que os alunos apresentam resumidamente a obra e o professor pontua as imprecisões questionando detalhes, desloca-se para questões extratextuais da qual a obra é apenas vaga referência. Mais comumente ainda, esse debate é tão somente uma simulação de discussão conduzida pelo professor na forma de pergunta e resposta, em que a cada pergunta do mestre os alunos levantam a mão para responder e um deles, preferencialmente aquele com menos chance de acertar, é selecionado e assim sucessivamente.

A avaliação

Usualmente uma determinação da engrenagem escolar, a avaliação do paradigma histórico-nacional tem na prova o seu instrumento preferencial. Trata-se, obviamente, de uma avaliação da memória do aluno tal como acontecia no paradigma anterior. As provas, entretanto, dão pouco espaço a qualquer subjetividade do aluno, e isso é verdadeiro tanto para as perguntas de compreensão, que usam o texto literário nas provas da disciplina Língua Portuguesa, quanto nas perguntas discursivas, nas questões lacunares e nos testes de múltipla escolha das provas da disciplina Literatura. Em qualquer situação, *determina-se como avaliação a reprodução simples e exata do dado e da informação que foram ministrados anteriormente.*

O questionamento

Em um estudo que aponta a ascensão da história da literatura durante o século XIX e sua crise no início do século XX, Carlos Baumgarten (2012) diz que a área se renovou e dá como exemplos práticos uma série de antologias, nas quais se podem perceber as contribuições contemporâneas da História e da Teoria da Literatura. A afirmação é, como comprovam os exemplos dados pelo autor, verdadeira, mas certamente vale apenas para os estudos de pós-graduação e, com muitas e honrosas exceções, os cursos de graduação em Letras. No ensino médio, a história da literatura mantém o mesmo 'feitio tradicional' de sua instituição como disciplina, ainda no final do século XIX, como observa Neide de Rezende (2013) com base nos relatórios de estágio produzidos por seus alunos a partir de 2000.

No campo institucional, os Parâmetros Curriculares Nacionais para o Ensino Médio, publicados em 2000, recusam claramente um lugar de destaque para a história literária, e até mesmo para o ensino da literatura, que perde sua autonomia curricular, passando a ser matéria da disciplina Língua Portuguesa integrada à leitura (Brasil, 2000). A situação da literatura como prática específica de linguagem é um tanto remediada nos documentos curriculares oficiais posteriores, mas o lugar da história da literatura continua a ser secundarizado, para não dizer recusado, no ensino da literatura. Nem nos exames de acesso ao ensino superior – um espaço que sempre foi determinante para o prestígio de qualquer disciplina e, em especial, para a literatura, que só após sua inclusão no vestibular adquire estabilidade como disciplina – a história literária encontra guarida. Ao analisarem a tipologia das questões de literatura do Exame Nacional do Ensino Médio (Enem), por exemplo, Gabriela Luft e Luís Augusto Fischer (2014) verificaram que nenhum conhecimento literário era necessário para responder às questões. Tal situação é empobrecedora do ensino da literatura por outros aspectos, como argumentam os autores, mas não deixa de ser reveladora do lugar praticamente inexistente dado à história da literatura nesse tipo de exame.

Em outras palavras, mesmo superado teórica e praticamente o modelo de história de literatura que lhe deu origem e sustentação, recusado oficialmente nas propostas curriculares, pouco presente em um importante direcionador curricular, como o Enem, e sem um espaço curricular específico que lhe garanta a autonomia disciplinar anteriormente conquistada, o paradigma histórico-nacional permanece nas escolas como uma abordagem amplamente utilizada no ensino da literatura. Como explicar essa permanência?

Há várias maneiras de se responder a essa pergunta. Do ponto de vista do estudo de paradigmas, trata-se de um momento de transição. O paradigma antigo já não consegue manter sua hegemonia e responder adequadamente às demandas da área, mas continua no horizonte de atuação de seus praticantes, porque um novo paradigma ainda não conseguiu se estabelecer como uma alternativa de prática segura e confiável.

É isso que revelam as duas grandes vertentes de publicações sobre o ensino de literatura nas últimas décadas, em estudo feito por Hiudéa Boberg e Rafaela Stopa (2012). A primeira delas, compreendendo a década de 1980 e início de 1990, se volta para a identificação dos problemas relacionados aos usos da literatura na escola. A segunda vertente, que surge a partir dos anos 1990, traz novas metodologias e estratégias de ensino que procuram resolver ou amenizar os problemas já identificados anteriormente. De modo geral, como analisam Marta Aguiar e Lívia Suassuna (2013), nesses variados estudos, o que se condena é a permanência, além da inadequação do paradigma histórico-nacional, tal como sintetizado nos períodos literários e nos livros didáticos de literatura do ensino médio, ao mesmo tempo que se enfatiza a necessidade de modernização, tomando como eixo a formação do leitor e a leitura literária.

Essa transição entre paradigmas fica mais clara quando se observa o processo como um todo, desde a própria instituição do paradigma histórico-nacional frente ao moral-gramatical. Nesse sentido, um dado relevante é que a transição anterior, ao contrário da que agora ocorre, se deu menos por ruptura e mais por acomodação, como destaquei anteriormente, e pode ser verificada no aproveitamento de tópicos da retórica e da poética na história literária, assim como na incorporação da formação moral e do ensino gramatical via texto literário. Outro aspecto é que essa acomodação ocorreu de maneira diferente para cada nível de ensino. No nível primário, houve quase uma espécie de amálgama entre os dois paradigmas, acentuando-se o papel da gramática no ensino da língua portuguesa e mantendo o uso pedagógico do texto literário como modelo de escrita e material de leitura. Já no nível secundário, houve uma sobreposição que deu à história literária um lugar dominante e quase exclusivo no tratamento do texto literário, reduzindo a matéria anterior à condição de introdução ou conhecimento elementar. Também o nacionalismo, traço dominante do paradigma histórico-nacional, assumiu diferentes feições segundo o nível de ensino. No nível primário, ele teve um caráter mais abrangente que possibilitou a presença de outros textos literários na escola que não apenas os canônicos, ou seja, como orientação para a seleção do material de leitura, o nacionalismo nesse nível foi mais cultural do que estético. No nível secundário, até por conta da consolidação de um espaço disciplinar próprio, o nacionalismo foi mais específico e tomou a forma da história literária, instituindo o cânone como referência de formação do leitor culto.

Essa acomodação foi profícua enquanto durou a hegemonia do paradigma histórico-nacional. Por um lado, o ensino de língua portuguesa, centrado na gramática, não apenas adotava a tradição literária como norma para a escrita, mas também instituía como material preferencial para o ensino da leitura textos literários diversos e obras canônicas, ainda que mais fragmentos do que textos integrais. Por outro, o ensino da história da literatura dava a essas leituras feitas nas aulas de Língua Portuguesa, desde o ensino primário, um sentido maior ao inserir autores e obras em uma moldura nacional crítico-histórica. Dessa forma, havia uma relação complementar entre as disciplinas de Literatura e Língua Portuguesa que dava destaque à obra literária e assegurava aos alunos um conjunto de referências comuns sobre a cultura e a literatura brasileira, funcionando para a maioria como um lastro da identidade nacional e para uma parte deles – aqueles que liam as obras integralmente ou para além das tarefas escolares – como incentivo à formação estética.

A situação começa a mudar na década de 1970. É a partir dessa década que uma nova legislação educacional altera o funcionamento das escolas, buscando atender às condições históricas dadas pelo processo de 'modernização' do país, sobretudo no que tange às necessidades do sistema produtivo, assim como também se alteram o perfil do professorado e o dos alunos (Saviani, 2008). Acompanhando essas mudanças mais gerais e contextuais, o ensino de língua portuguesa inicia um percurso tecnicista que levará a um progressivo apagamento da literatura como matéria de ensino. A princípio, minimiza-se o papel da gramática e dos textos literários que lhe serviam de amparo, claramente sinalizado pela alteração do nome da disciplina para Comunicação e Expressão (Soares, 2004). É assim que a escola se abre para textos mais contemporâneos, provenientes da literatura infantil e juvenil, do jornalismo e da publicidade, com o predomínio da crônica, que representa a leveza e a simplicidade que fazem da leitura escolar uma atividade essencialmente recreativa. O fracasso desse padrão de ensino, verificado sobretudo em exames vestibulares, leva à busca de propostas alternativas durante os anos 1980. Uma nova abordagem se consolida com os Parâmetros Curriculares Nacionais, nos anos 1990, que endossam a perspectiva sociointeracionista da língua em oposição ao ensino gramatical e recusam um lugar específico para o texto literário, considerado um entre tantos outros que os alunos devem conhecer na escola.

O resultado das transformações do sistema educacional nesse período e, em particular, da disciplina Língua Portuguesa, é que a literatura passou a enfrentar um duplo e complexo insulamento na escola. De um lado, ficou restrita ao papel de auxiliar do ensino da leitura, cujas atividades de exploração do texto literário ignoram a sua condição estética. De outro, como história literária, mantém-se como um tópico curricular incrustado na disciplina Língua Portuguesa, sem qualquer diálogo com seus outros conteúdos. Esse quadro é bem percebido por Lívia Suassuna e Jailton Nóbrega (2013), que, ao analisarem as práticas de ensino de literatura de um professor no nível fundamental e de outro no nível médio, chegam à conclusão de que em ambos os casos não se efetiva uma escolarização adequada da literatura. O professor do ensino fundamental até promove uma leitura sistemática do texto literário, mas em sua prática o texto é apenas um subterfúgio para o ensino da língua. O professor do ensino médio, por sua vez, toma a literatura como uma listagem de títulos de obras, nome de autores e características de movimentos estilísticos. Acrescente-se, ainda segundo os autores, que as aulas são inteiramente dirigidas pelo livro didático, cuja orientação metodológica pouco contribui e até dificulta um ensino da literatura que não se enquadre na linha transmissivista. Também nos cursos de Letras, os professores não recebem uma formação que lhes garanta autonomia discursiva e pedagógica na área do ensino da literatura. O resultado é o distanciamento dos alunos da leitura de obras literárias e a manutenção de uma proposta de ensino fracassada, ou seja, a permanência do paradigma histórico-nacional.

Complementando o cenário da transição entre paradigmas, há, ainda, um fator de grande relevância para a identificação do ensino da literatura com a história da literatura e sua consequente permanência na escola. É que ao se constituir em matéria escolar, a história da literatura oferece bem mais do que a representação da identidade cultural do país, na verdade, ela oferece um conhecimento a ser conceitualmente transmitido, um conteúdo que pode ser submetido a preleções e testes, uma disciplina que se configura dentro das mesmas primícias organizacionais das outras disciplinas, um saber escolar, portanto. É contra a condição de saber escolar sobre a literatura e as práticas pedagógicas que o rodeiam – ou seja, a configuração atual do paradigma histórico-nacional – que os paradigmas contemporâneos de ensino da literatura se insurgem e se apresentam como alternativa, conforme veremos a seguir.

NOTA

[1] O texto de Oliven trata do lugar da Antropologia nas explicações dadas para o Brasil e do rendimento de seus instrumentos metodológicos, como a cultura, quando empregados com essa função de entender o país, sem se referir especificamente à literatura. O trecho original de que nos apropriamos é: "O que parece caracterizar o Brasil é justamente o fato de ser uma sociedade de imensas diferenças sociais e econômicas, na qual se verifica uma tendência de transformar manifestações culturais em símbolos de coesão social, que são manipulados como formas de identidade nacional" (Oliven, 1990: 130).

O paradigma analítico-textual

> Nos textos comuns, não literários, o autor seleciona e combina as palavras geralmente pela sua significação. Na elaboração do texto literário, ocorre uma outra operação, tão importante quanto a primeira: a seleção e a combinação de palavras se fazem muitas vezes por parentesco sonoro. Por isso se diz que o discurso literário é um discurso específico, em que a seleção e a combinação das palavras se fazem não apenas pela significação, mas também por outros critérios, um dos quais, o sonoro. Como resultado, o texto literário adquire certo grau de tensão ou ambiguidade, produzindo mais de um sentido. Daí a plurissignificação do texto literário.
>
> Norma Goldstein, *Versos, sons e ritmos*

Em uma obra que, infelizmente, não recebeu a divulgação necessária em seu momento de publicação, Lívia Ferreira (1970) estabelece um método em grande parte coerente e consistente com o ensino contemporâneo de literatura, considerando-se, obviamente, o horizonte da época de sua elaboração. Destinado a orientar professores do ensino médio, *A convivência com os textos* é resultado de leituras diversas e da experiência da autora como docente de Prática de Ensino de Português do curso de Letras da Faculdade de Filosofia, Ciências e Letras de Assis.

Nos cinco capítulos do livro, Ferreira defende que o ensino de literatura deve ter por objetivo o autodesenvolvimento do aluno por meio da consciência do funcionamento da literatura, o que implica reconhecer os artifícios usados pelos escritores e a especificidade da linguagem literária. Para tanto, sugere que o ensino deve seguir o que denomina de *unidade didática* ou *unidade-texto*, um conjunto de atividades em torno de um ou mais textos literários a serem realizadas pelos alunos com orientação do professor. Nessa unidade didática, o aluno ocupa uma posição central, devendo o estudo do texto literário ser inter-relacionado com a realidade dele. Cabe ao professor selecionar os textos e planejar as atividades a partir de um conhecimento objetivo do perfil cultural de seus alunos. Para demonstrar seus princípios na prática, a autora detalha sete passos a serem seguidos na aplicação da unidade didática, tomando como exemplo a leitura de textos de Graciliano Ramos e Carlos Drummond de Andrade.

Escolhi apresentar o livro da professora Lívia Ferreira na introdução do paradigma analítico-textual, que é centrado na elaboração estética das obras, porque suas propostas encontram sustentação em vários dos pressupostos desse paradigma, conforme veremos a seguir em seu detalhamento, e vão até mesmo além dele. É o que acontece, por exemplo, quando o método da autora toma como pilares do ensino da literatura o protagonismo do aluno-leitor e a leitura intensiva do texto, e quando destina um lugar bastante secundário e quase irrelevante para a história literária. Também é o que se observa quando ela defende que esse aluno-leitor seja um aluno real por meio do qual deve partir a proposta de leitura do texto literário e não uma idealização, construída *a priori* pelo livro didático. Aliás, ela trata o livro didático como um recurso entre outros e até reduz seu papel à função de antologia textual. É o que se revela, por fim, ao demandar a leitura literária de textos completos e diversificados, assim como faz da leitura do texto em si mesmo o ponto central e essencial no processo de ensino da literatura. Todas essas questões constituem uma base comum e serão abordadas, com maior ou menor ênfase, na descrição dos quatro paradigmas contemporâneos que apresentaremos neste e nos próximos três capítulos deste livro.

OS CONCEITOS

A concepção de literatura

Aparentemente, a concepção de literatura do paradigma analítico-textual é uma soma simples daquelas adotadas pelos paradigmas anteriores. Com efeito, caso fosse solicitado a um professor que atua dentro desse paradigma uma lista de obras literárias, não faltariam as obras consideradas clássicas e canônicas. Além disso, seriam encontradas obras que não são estritamente ficcionais ou poéticas tal como acontecia anteriormente. Ainda em semelhança às concepções anteriores, a literatura é claramente identificada com o seu suporte escrito preferencial, isto é, a literatura é aquilo que está nos livros.

Todavia, quando se verificam os critérios de elaboração da lista, percebe-se que essas semelhanças são apenas de superfície. Na verdade, o elemento que define a literatura para o paradigma analítico-textual é o grau de elaboração estética das obras, ou seja, *é considerado literário todo texto que tenha uma alta elaboração estética*. Daí que figurem na lista várias das obras clássicas, mas não todas as obras clássicas, assim como várias das obras canônicas, mas não todas as obras canônicas. Não basta ser uma obra referenciada do passado ou constar na história da literatura nacional para ser considerada literária, ela precisa ter traços discursivos distintos, preferencialmente em nível linguístico, para ser incluída na lista. Ficam de fora, portanto, aquelas obras que são relevantes apenas porque foram escritas por um autor consagrado e que iniciam ou representam determinados estilos no país, assim como os demais critérios de herança e identidade cultural da nação.

Abordado a partir dessa visada comparativa, o conceito de literatura do paradigma analítico-textual parece ser bem restritivo, um recorte dentro de recortes anteriores. No entanto, trata-se de mais um equívoco de perspectiva. De fato, o conceito de literatura é restritivo, mas a restrição se dá em uma base muito concreta, que é a elaboração estética da obra apurada em seus elementos textuais. Não há, assim, restrições que sejam exteriores à própria obra, ou seja, os limites de tempo (o passado glorificado) e de espaço (a nação) não são levados em conta no conceito, o que permite ampliar significativamente o horizonte do que é considerado literário. Não é sem razão, portanto, que as obras contemporâneas e produzidas em diferentes lugares tenham grande acolhida dentro desse paradigma, pois ele preza, acima de tudo, a capacidade de expressão estética através da língua escrita.

Essa expressão estética, que é o coração da noção de literatura no paradigma analítico-textual, pode ser definida pelo simples posicionamento da literatura entre as outras artes, logo compartilhando com elas, segundo seus objetos específicos, o lugar destinado às artes em geral. Nesse caso, a literatura é a arte da palavra, assim como a música é a arte do som e a pintura, a arte da cor. A essa indicação primária podem ser – e frequentemente são – acrescidas considerações de ordem filosófica sobre estética e arte, sendo a mais corrente aquela retirada de Kant de que a arte não teria outro fim que não a si mesma, isto é, uma finalidade sem fim.

Uma outra e mais estrita maneira de definir essa expressão estética consiste na identificação de certos traços retórico-estilísticos como responsáveis pelo caráter literário da obra. Trata-se, em alguns casos, de uma relação de base tautológica em que os traços identificados garantem a qualidade estética da obra, porque é nela que eles se revelam como procedimentos literários ou artísticos. Em outros casos, estabelece-se uma relação de oposição distintiva entre determinados procedimentos textuais positivados como literários frente a outros não literários, frequentemente localizados em posições extremas, tal como as oposições entre linguagem literária e linguagem cotidiana ou entre conotação e denotação presentes nos livros didáticos.

Nessa mesma direção podem ser colocadas definições mais sofisticadas, como os conceitos de literariedade ou estranhamento dos formalistas russos – a propriedade de linguagem que caracteriza as obras literárias ou as características que distinguem a linguagem literária da linguagem ordinária – e de função poética de Roman Jakobson – quando o texto se volta para si mesmo ou tem a elaboração da mensagem como função dominante –, que alimentam as várias concepções imanentistas da literatura ou que, pelo menos, buscam defini-la como uma linguagem específica, reforçando os critérios de base linguístico-textual. Em um texto em que procura explicar a fruição estética e a catarse como efeitos peculiares (e subversivos) do texto literário, José Luiz Fiorin faz uma síntese dos elementos que usualmente são listados nessas definições: "A linguagem em função estética, que caracteriza o texto literário, apresenta, em síntese, os seguintes traços: relevância do plano da expressão, intangibilidade da organização linguística, criação de conotações, desautomatização, plurissignificação". Daí a máxima: "No texto literário o modo de dizer é tão (ou mais) importante quanto o que se diz" (Fiorin, 2000: 26).

A preferência pelos traços estilísticos ou pelo modo de dizer, em detrimento do conteúdo que identifica a literatura como expressão estética no paradigma analítico-textual, é a principal responsável pelo caráter universal atribuído às obras literárias, uma vez que, alçadas ao patamar de obras artísticas ou esteticamente elaboradas, elas já não dependem ou estão livres das constrições de tempo e lugar. Todavia, se, por um lado, tal universalidade liberta a literatura do peso da herança clássica e dos limites estreitos do nacionalismo, por outro, ela pode levar à alienação do leitor e apartar a obra de sua historicidade, conforme acusam as correntes críticas de base sociológica da literatura. O 'desconhecimento' das condições de produção, circulação e leitura das obras, assim como em grande parte de seus conteúdos, tem várias implicações no processo de seleção e identificação de determinados textos como literários, como bem mostram as recentes disputas em torno do cânone entre conservadores e multiculturalistas, que supostamente opõem valores estéticos a valores éticos e políticos.

Além do mais, a ênfase na singularidade da obra literária, quer seja entendida como resultado de uma construção estilística que relaciona a literatura com outras artes, quer seja vista por meio da literariedade e de outros critérios textuais, reforça a concepção da literatura como um conjunto determinado de textos, ainda que os limites desse conjunto sejam traçados segundo critérios diversos daqueles usados nos paradigmas anteriores.

O valor da literatura

À primeira vista, o valor da literatura parece ser facilmente depreendido da correlação com as outras artes, isto é, a obra literária vale por ser um objeto estético, um objeto que possibilita a fruição estética, assim como acontece com as demais artes e seus respectivos produtos. No entanto, definir o que é um objeto estético ou a fruição estética é uma tarefa complexa, cujos resultados são usualmente provisórios e pouco tangíveis. Até porque a designação de estético para um objeto demanda um arcabouço teórico bem determinado, quando não se revela uma aporia que perpassa não apenas o campo literário e artístico, mas também outros campos que tratam igualmente da questão, como a filosofia e a psicanálise. Não é sem razão, portanto, que o estético seja definido, a maioria das vezes, por meio de metáforas em um campo semântico que envolve, além da tradução imediata como belo, termos como o inefável, o transcendente, o contemplativo e o sensível, que ficam mais significativos quando postos em oposição e contraste com o concreto, o imediato, o útil, o racional e o lógico.

Para escapar ou pelo menos minimizar o caráter vago do rótulo estético, o valor da literatura no paradigma analítico-textual também é afirmado pela *originalidade da elaboração da obra como marca de sua artisticidade*. Nesse caso, a obra literária vale porque é única em sua engenhosidade, em seu modo de expressar uma visão de mundo, na forma de transformar aspectos da realidade em produto estético. Em direção semelhante, pode ser anotado o estranhamento ou a desautomatização que a obra promove, conduzindo a atenção para seus aspectos formais e demandando uma relação não pragmática com seu conteúdo.

É também por força desse modo singular de organização que a obra literária apresenta duas características que a distingue e valoriza perante outros textos. A primeira é seu caráter universal, ou seja, como é o modo de dizer que realmente conta na leitura da obra, ela independe das circunstâncias de sua produção, circulação e qualquer informação que lhe seja externa, pois é uma totalidade atemporal a ser decifrada ou contemplada. Além do mais, ela é universal porque transcende as determinações e limitações das vidas individuais, e alcança a essência ou as experiências fundamentais do ser humano. A segunda característica é a sua capacidade de conter camadas e camadas de sentidos, permitindo que diferentes leitores se relacionem com a obra de modo particular a partir da mesma estrutura, ou mais diretamente a plurissignificação, entendida como a multiplicidade de sentidos que contém uma obra literária, quer porque composta de lacunas a serem preenchidas particularmente por cada leitor, quer porque a linguagem literária é ambivalente em sua natureza. Em consequência, quanto mais universal e mais plurissignificativa for uma obra literária, maior o seu valor estético.

Por todas essas características, o valor estético que se atribui às obras literárias enquanto objetos artísticos não só as distanciam de outros textos, como também as colocam em uma posição elevada em termos de produtos culturais, prestígio que se estende aos seus leitores na forma de capital cultural. Há, assim, na própria base conceitual desse valor estético da obra literária um caráter inegavelmente elitista, que se reflete em distinções valorativas, como acontece entre obras de entretenimento e obras estéticas, assim como em mecanismos de leitura analíticos mais rigorosos que demandam a um só tempo sensibilidade e conhecimento técnico especializado. Questões que terminam por impactar em diversas frentes o ensino da literatura proposto no paradigma analítico-textual.

Finalmente, o leitor atento deve ter percebido que estou falando sempre de obra e não da literatura como um todo. Isso porque é a singularidade de cada obra que conta como literária, estética, artística, ou seja, embora os elementos textuais a serem rastreados nessas obras possam ser listados e definidos *a priori*, é como eles se organizam no corpo da obra que conta para validar a sua condição estética e, consequentemente, o seu valor. Dessa forma, pode-se dizer que no paradigma analítico-textual o valor não é da literatura como linguagem ou discurso, mas sim das obras individuais que, juntas, constituem o *corpus* da literatura.

Objetivo do ensino da literatura

O objetivo principal do ensino de literatura no paradigma analítico-textual é desenvolver a consciência estética do aluno para que possa reconhecer e apreciar adequadamente os textos literários de qualidade. Tal tarefa não é simples e exige preparação, esforço e conhecimento tanto do professor quanto do aluno porque, embora demande uma carga de sensibilidade, tal como acontece em qualquer outra relação artística, essa consciência estética é resultado do 'convívio' com as obras, isto é, do estudo e do reconhecimento de sua elaboração enquanto objeto estético. A partir daí, um segundo objetivo é instrumentalizar o aluno para a análise textual ou desenvolver a capacidade analítica do aluno em relação aos textos literários, uma vez que a consciência estética só pode ser conquistada pela leitura e pela análise minuciosa da constituição das obras que se qualificam esteticamente como literárias. Assim como um terceiro objetivo, que é fomentar o conhecimento técnico da literatura, ou seja, o domínio conceitual e operacional das categorias de análise que são aplicadas na leitura do texto literário. Observe-se que apesar de serem dirigidos à formação estética dos alunos, o centro desses objetivos é o tratamento analítico dado ao texto literário. Não se trata, porém, de uma análise suportada pela gramática tradicional, muito menos pelo bom gosto ou sensibilidade, dada a preocupação com a qualidade estética da obra, mas de uma análise de leitura da obra como texto materialmente constituído, mais especificamente em sua constituição linguístico-textual. Para tanto, são buscados recursos da estilística e, sobretudo, da linguística para sustentar os procedimentos de análise da obra individualmente. É assim que são minimizadas ou simplesmente ignoradas tanto as questões relacionadas à poética e à história literária tradicionais, que tratavam as obras como exemplos de gêneros e períodos estilísticos, quanto as questões relativas à biografia do autor e a referências históricas presentes nas obras, que orientavam a prática da leitura da literatura nos paradigmas anteriores. Em conformidade com seus objetivos, o paradigma analítico-textual defende que a obra contém em si mesma todos os elementos necessários para determinar a sua leitura. Por isso, a análise não pode se apoiar em pressuposições subjetivas, genéricas ou externas, antes requer uma abordagem objetiva ou tecnicamente rigorosa do texto para que se possa ultrapassar a superfície da literalidade, além de revelar o sentido mais profundo da literariedade.

Conteúdo ou o que se ensina quando se ensina literatura

O paradigma analítico-textual identifica a literatura como um conjunto de obras, porém, diferentemente de seus antecessores, esse conjunto não é determinado pela tradição ou pela origem nacional do autor. Trata-se de um conjunto aberto no sentido de que não se constitui como uma lista determinada *a priori* ou mesmo que não possa ser alterada segundo os propósitos pedagógicos da escola e do professor. Essa relativa abertura, porque há a restrição de que as obras possuam qualidade estética, pode dar a impressão de que o que se ensina como literatura nesse paradigma é justamente a obra individual. De fato, as obras tomadas individualmente são a matéria-prima, por assim dizer, do ensino da literatura, mas o seu verdadeiro conteúdo é *a análise literária como um procedimento de interpretação da obra individual e, por conseguinte, de sua avaliação ou afirmação como esteticamente literária.*

Essa análise textual – que também se conhece como *close reading* conforme a contribuição do *new criticism* para os estudos literários, mas não necessariamente seguindo seus princípios teóricos – é um estudo centrado no desvelamento do aspecto formal da obra literária, usualmente efetivado a partir da identificação dos elementos que compõem a estrutura ou aqueles que se destacam na tessitura do texto. De certa forma, funciona como uma decomposição da obra para que seus elementos sejam analisados em separado e entre si, assim como em relação ao todo que constitui o texto. Por focar a forma do texto, esse tipo de análise requer conhecimentos linguísticos, poéticos e retóricos específicos, a fim de que os elementos formais sejam adequadamente descritos e essencialmente integrados naquele conjunto particular e único que é a obra de arte literária, o texto estético.

Daí que o conteúdo do ensino da literatura no paradigma analítico-textual também compreenda os elementos composicionais dos textos, as categorias com as quais se opera a análise textual. Esses elementos são separados em dois grandes grupos, conforme o modo dominante de organização das obras como narrativas ou poemas. No caso da narrativa, a análise busca identificar tanto as categorias gerais, como narrador, enredo, personagens, tempo e espaço, quanto os desdobramentos delas em subcategorias mais precisas ou sofisticadas, como a distinção entre narração e história para o enredo; a posição do narrador em relação à história e a focalização adotada; a forma de constituição das personagens e a função que exercem na narrativa; os diferentes registros do tempo em relação à história ou em termos de cronologia e duração; e as diversas motivações do espaço como local e ambiente; entre várias outras formas de classificação e refinamento de análise informadas pela teoria da narrativa. Do mesmo modo, o poema pode ser analisado segundo seus elementos composicionais tradicionais, como versos, rimas, métrica e figuras, ou atualizados, como sonoridade, ritmo, imagens, temas e motivos. Também pode ser decomposto a partir de procedimentos mais específicos, tal como a análise feita por camadas ou estratos, sugerida por Roman Ingarden (1965), ou em níveis gráfico, rítmico, lexical, sintático e semântico, que, com a exceção do primeiro, constam da proposta de análise feita por Norma Goldstein (1986) em obra didática de merecido sucesso.

A ORGANIZAÇÃO

A metodologia

Tal como no paradigma moral-gramatical, a análise é um elemento fundamental da metodologia do paradigma analítico-textual, assim como as decorrências desse elemento na aula de literatura ou mais propriamente no tratamento do texto na sala de aula, como a preferência por textos curtos, a leitura repetida, a aplicação de uma grade descritiva e o comentário. No entanto, diferentemente do passado, todo o aparato analítico não tem um fim externo, não obedece a ditames morais, religiosos, nem é direcionado para a prática da escrita. *O trabalho analítico se encerra no texto e não vai além dele, porque o fim é a apreciação estética e nada do que está para além do texto.*

Da mesma forma, embora haja conceitos a serem transmitidos e o professor ocupe grande parte do tempo da aula, o caráter dominante da metodologia do paradigma analítico-textual não é a transmissão tal como acontece no paradigma histórico-nacional, mas a imitação, que tem uma dupla face. A primeira, que pode ser entendida como uma modelagem, consiste na análise como uma demonstração ou exemplo que o professor apresenta para o aluno reproduzir em outros textos. De fato, mesmo que cada texto seja considerado único, a análise feita pelo professor em sala de aula visa capacitar seus alunos a usarem o aparato descritivo-interpretativo de maneira adequada. A segunda face da imitação é mais delicada. Baseada apenas na observação, ela consiste em conduzir o aluno a perceber o caráter literário do texto ou fruir esteticamente o texto, tomando como exemplo a performance analítica do professor. De certa forma, o que se espera é menos o desenvolvimento de determinadas habilidades de análise, como seria suposto em uma metodologia baseada na imitação, e mais a compreensão da literariedade da obra a partir do acompanhamento do trabalho analítico do professor em sala de aula.

É porque essa dupla constituição não é usualmente assim entendida – ou mesmo praticada – que a metodologia do paradigma analítico-textual enfrenta várias dificuldades e críticas quanto à sua efetividade pedagógica na escola. Em primeiro lugar, supõe-se que o aluno deva reproduzir de maneira semelhante em outro texto a análise do professor, quando, na verdade, sua atividade deveria ser tão somente realizar aproximações ou tentativas de leitura do texto segundo os procedimentos analíticos observados. Até porque aluno e professor, com suas diferenças de maturidade e conhecimento, ocupam posições bem distintas em relação à leitura do texto, conforme veremos a seguir.

Depois, reclama-se que a análise, por conta de seu aparato descritivo, anularia a fruição do texto, impedindo ou dificultando a leitura sensível que é responsável pela fruição estética e até mesmo qualquer interação dos alunos com a obra. Por um lado, essa reclamação deriva de um equívoco quanto ao caráter da leitura literária que a análise deixa evidente, além de um certo anti-intelectualismo, pois parece defender que haja uma leitura 'natural' ou instintiva que a análise supostamente perturbaria. Na verdade, toda leitura é resultado de aprendizagem, no sentido de que lemos de uma determinada maneira porque assim aprendemos a ler, ou seja, ninguém nasce lendo. Dessa forma, a considerada leitura 'natural' nada mais é do que uma leitura ingênua ou que mascara os seus pressupostos. Além disso, a análise é um procedimento de conhecimento, isto é, ela favorece a fruição mais qualificada porque procura desvelar quais elementos do texto colaboram para o efeito estético e, assim, levar a uma compreensão mais profunda do texto.

Por outro lado, a reclamação procede quando há um foco excessivo na análise do professor sem que seja dada a oportunidade de o aluno praticar a leitura literária, fazendo da aula um exercício algo narcisístico e enigmático, sem qualquer conexão com o horizonte de leitura do aluno. Também é uma reclamação pertinente quando o professor se perde ensinando as categorias de análise sem efetivá-las em uma leitura consistente do texto, frustrando a interpretação que se poderia ter da obra e tornando a análise um mero exercício de aplicação sem sentido para a leitura ou, pior ainda, tal como se fazia no paradigma moral-gramatical, a memorização de uma lista de conceitos com seus devidos exemplos.

Por fim, critica-se a metodologia da análise porque a ênfase nos elementos textuais conduziria naturalmente a uma atenção excessiva à descrição do texto em detrimento de sua interpretação, até porque o conteúdo é minimizado em favor da forma, conforme o valor dado à elaboração linguística da obra como marca de sua literariedade. De fato, esse é um risco que se corre no paradigma analítico-textual, como demonstraram algumas vertentes da análise estrutural e ainda hoje se verifica com a aplicação de esquemas descritivos sofisticados a textos bem simples ou cujo rendimento interpretativo assinala apenas a camada mais superficial do texto, quando não determinam conclusões frágeis ou forçadas, a exemplo da motivação dos sons na análise de poemas. Todavia, tudo isso resulta não do procedimento analítico em si mesmo ou da pletora de recursos descritivos que podem ser utilizados, mas da inabilidade do analista, que precisa saber equilibrar o tratamento do texto nas diversas etapas da leitura literária, dando a cada uma delas o tempo e o peso necessário, assim como identificar os limites das categorias e dos recursos descritivos utilizados na abordagem da obra, respeitando a sua singularidade.

O papel do professor

Seguindo a metodologia, o professor também assume um duplo papel no paradigma analítico-textual. *O primeiro é o papel de expert*, um leitor especializado que domina tecnicamente a leitura literária. Nessa condição, ele é mais um crítico e um pesquisador, conforme a imagem do professor universitário cultivada por muitos na área de Letras, do que propriamente um professor do ensino básico. Por isso, a sua preocupação costuma se voltar mais para o texto a ser analisado do que para o ensino da literatura, como no aforisma daquele que vê a árvore, mas ignora a floresta.

Quando equilibrado com as questões pedagógicas que todo processo educacional demanda, esse papel tem um caráter positivo, pois não só assinala a necessidade e a importância de um conhecimento específico para tratar o texto literário, servindo de contraponto a posturas didáticas simplistas e impressionistas, como também consegue alargar o horizonte de leitura dos alunos, desmistificando a leitura de textos complexos e demandando uma abordagem mais rigorosa ou pelo menos mais bem fundamentada do texto literário na escola. Quando excessivamente voltado para sua performance analítica, o professor-expert termina por alienar seus alunos da literatura, transformando a leitura literária em uma atividade esotérica que só os poucos iniciados conseguem entender.

O segundo papel é daquele que medeia a aprendizagem do aluno por meio da modelagem da análise literária. Nesse papel, o professor é um exemplo a ser seguido, por isso é importante distinguir o momento de aprofundamento da leitura do momento de reprodução ou acompanhamento da leitura. O primeiro serve para mostrar ao aluno o quanto é possível ir na leitura de um determinado texto, isto é, demonstrar a riqueza literária do texto e a habilidade analítica do professor. O segundo, por sua vez, que é a modelagem propriamente dita, deve ser montado levando em consideração a capacidade dos alunos de se apropriar daquele modo de tratar o texto, reproduzindo a análise. É dessa forma que a demonstração serve para guiar o desenvolvimento das habilidades analíticas do aluno, visada pelo paradigma analítico-textual.

Não é difícil perceber que esse duplo papel de expert e modelador da análise literária corresponde, na verdade, a momentos diferenciados do ensino da literatura, um que é centrado no professor e outro no aluno. Cabe, portanto, ao professor, na seleção dos textos e na preparação das atividades de sala de aula, levar em conta e distribuir adequadamente esses momentos.

O papel do aluno

No paradigma analítico-textual, o aluno é, acima de tudo, *um aprendiz ou mais especificamente um leitor aprendiz*. É essa posição que ele assume quando lê o texto para acompanhar a análise feita pelo professor como expert. É essa posição que ele assume quando lê o texto para acompanhar e reproduzir a análise proposta pelo professor.

Por um lado, ao ocupar essa posição fortemente dependente da atuação do professor, o leitor aprendiz tende a ser um aluno idealizado, construído teoricamente a partir do que deveria ser o leitor universal do texto literário. Em outras palavras, não faz parte desse paradigma levar em consideração os conhecimentos prévios, a condição social, a identidade cultural, as aptidões e os desejos desse aluno, pois como leitor aprendiz tudo o que conta é a relação com o texto e ditada pelo texto, que, em última instância, já traz em si um modelo de leitor, o leitor implícito ou aquele que é capaz de responder adequadamente às demandas daquela obra literária.

Por outro lado, por ser leitor aprendiz, o aluno é visto como aquele que precisa adquirir um repertório de obras esteticamente válidas, assim como desenvolver sua habilidade analítica para fazer jus à leitura dessas obras. Para tanto, deve ser acompanhado e orientado de perto em sua prática de leitura, o que implica incluir uma dimensão didático-pedagógica na atividade central de análise do texto que domina o ensino da literatura dentro do paradigma analítico-textual.

O papel da escola

No paradigma analítico-textual, o papel da escola é *garantir o acesso e a fruição das obras de alta qualidade estética que constituem a literatura*. Quando voltada para o leitor aprendiz que é o aluno, essa garantia costuma ser justificada em termos de democratização de um capital cultural valorizado, ou seja, é função da escola – e direito do aluno – oferecer o acesso a textos literários de valor estético, sobretudo aos alunos das camadas sociais mais baixas, porque esses textos estão ausentes do seu ambiente familiar e comunitário.

Quando voltado para o texto, o foco dessa garantia é a manutenção permanente desse conjunto de obras esteticamente relevantes ou valiosas no ambiente escolar e, por extensão, na sociedade. Nesse caso, um tanto diferentemente de fazer da escola a guardiã de uma herança a ser preservada ou um espaço para o reconhecimento da cultura nacional em sua versão mais culta, como nos paradigmas anteriores, trata-se de garantir um lugar destacado para as obras literárias na formação do aluno, de forma que, tendo aprendido a frui-las adequadamente, consiga incorporar o hábito de lê-las com regularidade e, assim, assegurar a circulação e a permanência delas na sociedade.

Em casos mais extremados, a escola assume uma função salvacionista ou missionária em relação a esses textos por ser o único lugar em que eles são reconhecidos (e cultuados) em seu devido valor estético. Nessa perspectiva, a escola teria a função de ser uma (última) trincheira contra outras manifestações culturais que ocuparam o lugar da literatura nas atividades de lazer, como o cinema e a televisão, ou que concorrem com ela no campo da leitura de impressos, a exemplo das revistas em quadrinhos, os romances cor-de-rosa, os livros de autoajuda e toda a massa da chamada literatura de entretenimento.

O lugar disciplinar da literatura

Dado o objetivo de desenvolver a consciência estética do aluno por meio da análise textual de obras de alto valor literário, entre outros elementos definidores do paradigma analítico-textual, a reivindicação de *um lugar próprio para o ensino da literatura, seja como matéria no ensino fundamental, seja como disciplina no ensino médio*, é uma consequência lógica e aparentemente tranquila, até porque não foge muito ao arranjo herdado do paradigma anterior. No entanto, tal configuração pode gerar questionamentos quando a literatura é inserida na grade curricular.

Um deles diz respeito à relação com a Educação Artística. Se a literatura é a arte da palavra e seu valor é o valor estético, seu lugar não deveria ser junto às outras artes na disciplina Educação Artística? Por que conceder à literatura um lugar autônomo como matéria no ensino fundamental e como disciplina à parte no ensino médio? A resposta usual de que a literatura exerce outras funções na escola, como auxiliar o ensino da escrita, pode ser correta em seu sentido pragmático, mas não é uma explicação satisfatória do ponto de vista lógico porque subordina o ensino da literatura a outro fim, retirando a sua autonomia ou, pelo menos, limitando a prioridade de sua proposta de educação estética.

Também a relação com o ensino da língua não é tão pacífica quanto parece. Tanto que outro questionamento a ser feito é sobre a condição da literatura como matéria principal dentro da disciplina Língua Portuguesa no ensino fundamental. Se o único texto literário que vale a pena ser ensinado é aquele de alto valor estético, então, até por conta da sua complexidade, é preciso abrir espaço a outros tipos de texto que são igualmente pertinentes e talvez até mais adequados para a formação do leitor e o ensino da língua. É por conta dessa ênfase quase que exclusiva sobre a leitura, quer seja das obras estéticas de qualidade, quer seja das obras menores que facilitam ou encaminham o acesso às primeiras, entre outros fatores, que o espaço da literatura tem se restringido à leitura e progressivamente se apagado no ensino da língua materna. Afinal, a leitura das obras estéticas seria apenas uma pequena fração das competências relativas ao domínio da escrita que o aluno precisa desenvolver na área.

É possível, por fim, questionar o benefício de se manter uma disciplina à parte no ensino médio para a literatura quando a grade curricular desse nível de ensino é excessivamente fragmentada e seu conteúdo altamente especializado de análise textual e sensibilização estética poderia ser assumido pela Língua Portuguesa, tal como já acontece no ensino fundamental. A resposta baseada no valor estético das obras e na função da escola de garantir acesso a elas pode ser satisfatória para os amantes da literatura, mas não parece ter encontrado efetividade junto aos gestores educacionais. É isso que mostra a integração das duas disciplinas sob a égide da Língua Portuguesa nos sistemas educacionais da maioria dos estados brasileiros, embora, obviamente, não se possa atribuir ao modo como o ensino da literatura é concebido no paradigma analítico-textual um peso decisivo nesses rearranjos da grade curricular do ensino médio.

O COTIDIANO DO ENSINO DA LITERATURA

A seleção de textos

Caso fossem seguidas à risca as concepções de literatura, os objetivos e demais elementos, a seleção de textos para o ensino da literatura no paradigma analítico-textual seria altamente complexa. Em primeiro lugar, porque demandaria um vasto repertório de leituras de obras provenientes de diferentes tempos e lugares, uma vez que não há restrições temporais ou nacionais no paradigma. Depois, porque exigiria uma formação aprofundada em literatura do professor para eleger, dentro desse vasto universo e com o devido rigor estético, as obras adequadas para a leitura em sala de aula. Por fim, porque as obras assim escolhidas deveriam estar facilmente ao alcance de todos os alunos. Todavia, como esses modos de conhecimento, eleição e distribuição das obras estão um tanto distantes da realidade cotidiana da maioria das escolas, resta adotar alternativas e percorrer atalhos que, de maneira mais pragmática ou simplificada, permitam seguir as determinações do novo paradigma.

É assim que se tende a tomar como *ponto de partida ou repertório básico para a seleção as obras clássicas e do cânone nacional*, porque elas já passaram de algum modo por um crivo de legitimidade literária e se encontram mais facilmente disponíveis para a leitura na escola que as obras contemporâneas. Essas obras constituem o acervo da maioria das bibliotecas, sendo também facilmente adquiridas em livrarias e sebos, até pelo número de edições a que foram submetidas. Embora muito comum, tal medida pragmática traz efeitos colaterais indesejados. Um deles é que se estabelece, mesmo que apenas na superfície, certa continuidade com os paradigmas anteriores, levando a uma acomodação que mascara e confunde parte das contribuições inovadoras do novo paradigma para o ensino da literatura. Outro é que a seleção feita dentro do cânone e da tradição não garante que as obras sejam realmente de alto valor estético, tendo em vista que os critérios, tanto nas obras clássicas quanto nas canônicas, são apenas parcialmente coincidentes e não dispensam o estudo criterioso do professor.

Outro caminho seguido é a seleção de textos contemporâneos que ainda estão em processo de canonização, mas que já receberam alguma avaliação positiva da crítica. Uma vantagem dessa forma de seleção é que, por estarem mais próximos temporalmente do professor e dos alunos, esses textos dispensam o investimento em dados históricos contextuais e críticos que tomam tempo das aulas em leituras preparatórias à análise textual propriamente dita. Os textos contemporâneos também facilitam a compreensão imediata do registro linguístico em que são escritos, ao contrário dos textos tradicionais. Estes últimos usualmente apresentam um registro mais formal, com vocabulário e sintaxe arcaicas ou distantes do emprego corrente da língua, podendo bloquear, pelo esforço excessivo, a fruição estética desejada ou desviar para questões meramente linguísticas a análise da literariedade do texto.

Alternativamente, há uma busca de conciliação entre essas duas opções principais, com a preferência recaindo sobre um pequeno número de obras que, sem ser imediatamente contemporâneas, possuem características linguísticas e históricas da atualidade, ao mesmo tempo que são amplamente consagradas como literárias, seja na condição de 'novos' clássicos, seja na condição de referência canônica para a geração do presente. Aqui o perigo é não só a óbvia redução do repertório de leitura do aluno, que já é bem pequeno por conta da restrição da elaboração estética, mas também a ausência de diversidade histórica nas obras selecionadas, reforçando ainda mais o caráter pouco favorável aos aspectos diacrônicos da análise patrocinada pelo paradigma analítico-textual.

O material de ensino

Por força da metodologia da análise textual, que é também conteúdo do paradigma analítico-textual, o material preferencial do ensino de literatura é constituído de textos curtos, que permitem a leitura de uma só vez e no limite de uma aula. Essa limitação poderia ser contornada por meio de fragmentos, mas esses recortes não são bem-vindos por impossibilitarem a necessária apreensão total da obra. Dessa forma, os gêneros mais usados terminam sendo os poemas líricos e os contos, que são textos curtos por definição.

Entre esses dois gêneros, a preferência recai sobre os poemas líricos. Nesse caso, não mais apenas pela extensão, mas também pelas possibilidades que oferecem para o exercício de exploração analítica. Poemas líricos tendem a apresentar uma elaboração estilística que facilita a análise da estrutura linguística do texto. Contos, por sua vez, à exceção daqueles mais herméticos, são mais próximos do uso comum da linguagem. Além disso, a começar pela estrutura de versos que é graficamente diferenciada, poemas líricos são mais facilmente contrastáveis com outros gêneros fora do campo literário quando se busca exemplificar as marcas textuais da literariedade.

O resultado dessas limitações e preferências é que o material de ensino no paradigma analítico-textual deixa de ser o vasto conjunto de obras literárias para se concentrar em dois gêneros. Na prática, ficam relegadas a um segundo plano as narrativas mais longas, como o romance, os poemas épicos e as obras dramáticas em geral. Não que esses gêneros deixem de ser referenciados como literários, mas não são abordados em sala de aula.

Também o uso do livro didático, o manual de história da literatura, é devidamente revisto em conformidade com os elementos definidores do novo paradigma. Assim, sem utilidade para a ordem histórica pela qual é constituído, o manual perde duas de suas três funções adquiridas no paradigma anterior: a de guia curricular e de caderno de exercícios, restando apenas o papel de antologia e essa mesma reduzida por conta da exclusão dos fragmentos. Não é sem razão, portanto, que agora o material de ensino mais comum nas aulas de literatura sejam folhas avulsas, sem a necessidade de qualquer ordenamento ou organização prévia ou posterior para além daquela que segue a sequência de exploração dos textos em sala de aula.

Por fim, se o livro didático de literatura se torna uma peça didática de menor importância e, no seu limite, até mesmo descartável, a biblioteca começa a ganhar um destaque no ensino de literatura. Ela é relevante por conta de seu acervo, que favorece a pesquisa do professor para o planejamento das aulas. Também é importante por se constituir em espaço para as leituras complementares e extensivas dos alunos que não são realizadas em sala de aula.

As atividades de sala de aula

Embora não sejam vetadas ou ignoradas as leituras extensivas e outras atividades envolvendo o texto literário na escola, a atividade que realmente caracteriza o paradigma analítico-textual em sala de aula é uma só: *a análise do texto*. Esse processo de leitura possui, conforme a metodologia, dois grandes caminhos, que são a análise textual feita pelo professor como modelo para os alunos e a análise que o aluno faz sob supervisão do professor. Como a diferença entre elas é mais uma questão de qualidade da abordagem do que propriamente diferença de procedimento, farei um detalhamento único da análise textual, sublinhando, conforme a necessidade, aquilo que é próprio do professor ou do aluno.

A primeira etapa, que pode ser denominada de preparatória, consiste na distribuição e na apresentação do texto previamente selecionado aos alunos em uma sala de aula organizada, tal como em qualquer outra disciplina. É fundamental para a análise textual que cada aluno tenha em mãos um exemplar do texto, seja proveniente do livro didático, seja uma folha avulsa ou mesmo copiado do quadro. A apresentação do texto pode variar de uma rápida introdução, contendo não mais do que o título, o tema e o autor, normalmente de forma mais protocolar do que informativa, até uma preleção mais estendida sobre o autor e o contexto da obra, sendo esta última mais rara e menos adequada para a análise pretendida porque conduz a atenção para elementos externos.

A partir da posse do texto, vem a segunda etapa, que é a leitura de reconhecimento. Nesse caso, o texto pode ser lido em voz alta pelo professor como uma espécie de apresentação ou mais comumente os alunos leem silenciosamente para conhecer o texto. Essa primeira leitura é apenas para reconhecimento, logo não tem nenhuma instrução prévia, mas em alguns casos pode ser guiada por uma pergunta de cunho genérico, como a relação entre o título e o texto ou a temática que o texto desenvolve ou, ainda, o professor pode deixar o aluno perguntar a si mesmo o que diz o texto, o que percebe como mais relevante, buscando explorar a sua sensibilidade estética.

É após essa leitura de reconhecimento que a análise textual propriamente dita começa. Essa terceira etapa concentra-se na descrição minuciosa do texto segundo as categorias de análise previamente instituídas, como as camadas para os poemas ou as categorias narrativas de narrador, personagem, enredo, tempo e seus desdobramentos para os contos. Também pode ser feita uma descrição sem categorias bem definidas, usada com mais frequência para os poemas, com os alunos buscando padrões, passagens, frases e até palavras que mais lhes chamam a atenção ou o professor apresentando esses elementos para reconhecimento por parte dos alunos.

A quarta e última etapa é a interpretação, que busca reunir os elementos descritos anteriormente em um todo coerente que seria a leitura mesma da obra. Trata-se de assinalar o que diz a obra por meio de seus recursos formais, isto é, mostrar que aquilo que a obra diz está indissociavelmente ligado ao seu modo de dizer. O resultado final é o desvelamento do texto em níveis mais profundos, confirmando ou retificando e expandindo as impressões da leitura inicial, fundamentando tecnicamente a interpretação dada à obra. Essa interpretação pode ser feita oralmente pelo professor, logo após a descrição que ele fez individualmente ou com a colaboração dos alunos, ou na forma de um texto, nesse caso tarefa a ser realizada pelo aluno fora da sala de aula.

A despeito das restrições que se possa ter em relação à ênfase dada à taxonomia na descrição da obra e ao princípio de ler a obra apenas em si mesma, isolando-a de seu contexto de produção, circulação e autoria, a análise textual não deixa de trazer ganhos para o ensino da literatura. É o caso das repetidas leituras do texto, da observação atenta da constituição formal do texto, da organização da leitura em descrição e interpretação, além de outros aspectos que fornecem bases seguras para o procedimento analítico.

Todavia, o percurso virtuoso da análise textual raramente é efetivado com sucesso em sala de aula e até mesmo fora dela na escola. Na prática mais comum, a etapa da descrição costuma consumir todo o tempo disponível da aula, ficando a interpretação para um momento posterior que pode não se concretizar ou se concretiza em rápidas considerações do professor e registro do aluno. Não raro também a etapa da interpretação é simplesmente suprimida do processo, resultando o trabalho de análise em uma mera compilação de categorias, um empilhamento de dados sem sentido algum para a leitura do texto, embora atenda às necessidades da escola de conteúdo e favoreça a avaliação 'objetiva'. Além disso, mesmo quando a interpretação é efetivada pelo professor como modelo, a apresentação oral feita não ajuda o aluno a produzir um registro por escrito de sua leitura, o que faz da demanda por uma produção textual mais uma distância entre a performance do professor e a do aluno na leitura do texto. Por fim, o papel centralizador exercido pelo professor termina por conduzir a uma prática de leitura única e autorizada, a qual muitas vezes nem é produção sua, mas do livro didático ou de críticos consagrados nos quais se apoia, impedindo que a plurissignificação da obra seja observada pelos alunos.

A avaliação

Tendo a análise textual como ponto de referência, a avaliação do paradigma analítico-textual pode ser feita tanto de maneira objetiva quanto subjetiva, embora as duas formas não fujam dos padrões tradicionais de avaliação do ensino escolar. A avaliação 'objetiva' assume normalmente a forma de um teste que pode verificar os conhecimentos conceituais, envolvendo as categorias de análise na forma de múltipla escolha ou a identificação delas em um determinado texto em uma descrição mais ou menos simplificada, muitas vezes demandando apenas uma leitura literal do texto. Um caso típico é a prova que traz uma obra literária curta, um conto, por exemplo, para ser lido, em que são respondidas questões como: 1) Indique o tipo de narrador; 2) Quantas personagens participam da narrativa? Relacione-as e caracterize-as; 3) Em que espaço ocorrem as ações?; 4) Como o tempo é demarcado?; 5) Em qual passagem se inicia o conflito?; 6) Qual é o motivo desse conflito?; 7) Quais são as suas consequências?; 8) Sintetize o enredo.

A avaliação 'subjetiva', por sua vez, tem na escrita de um ensaio a sua forma mais acabada, defendida como um espaço para uma expressão pessoal e mais condizente com o caráter plural da obra literária. Nesse caso, o aluno é demandado a apresentar um texto com a análise da obra como um todo ou apenas de uma categoria específica. Aqui a dificuldade é fazer valer a descrição como fundamento da interpretação, uma passagem que a metodologia dominante do paradigma analítico-conceitual não consegue fornecer com eficiência. O resultado pode ser um texto que traz uma tentativa honesta de reproduzir a performance oral do professor, embora mais comumente seja apenas um conjunto de categorias descritas em um número determinado de linhas ou folhas, quando não uma paráfrase mal dissimulada da obra.

A crítica

Alimentado pela estilística, pelo *new criticism*, pelo formalismo russo e pelo estruturalismo, o paradigma analítico-textual ganhou corpo a partir dos anos 1970, quando essas correntes crítico-teóricas são divulgadas nos cursos de pós-graduação e graduação na área de Letras. Os professores de Língua Portuguesa e Literatura no ensino fundamental e médio receberam essa formação na disciplina de Teoria da Literatura, ao lado das disciplinas de Literatura Brasileira e Literatura Portuguesa, que são alinhadas a uma perspectiva historicista. Logo, uma coabitação similar passou a ocorrer na disciplina Literatura Brasileira no ensino médio, em que se mantêm os pressupostos historicistas do paradigma histórico-nacional com práticas de análise textual voltadas para as obras canônicas. A sobreposição dos dois modelos, em boa parte também favorecida pela própria concepção de literatura do novo paradigma, terminou por enfraquecê-lo na escola como proposta autônoma de ensino da literatura.

Além disso, embora a análise textual nunca tenha se tornado inteiramente hegemônica entre nós no ensino escolar da literatura, tal como parece ter acontecido em outros países, seu uso incipiente e nem sempre bem fundamentado no ensino fundamental e, em muitos casos, também no ensino médio a transformou em alvo fácil de críticas. De um lado, reclama-se que a análise textual, por conta de seu aparato descritivo-técnico, engessa a leitura, quando não impede a verdadeira fruição da obra, assim como esteriliza o ensino da literatura ao assimilá-lo a um exercício taxonômico pareado à análise sintática, já condenada no ensino da língua portuguesa. De outro, a análise textual, por se centrar exclusivamente em elementos linguísticos, perde o contexto da obra e falha em compreender a sua inserção em um horizonte social e histórico que também determina o seu significado. Além disso, reduz o texto a conceitos universais, consequentemente eliminando a especificidade da obra que parece contemplar em sua preocupação com as minúcias textuais. Dessa maneira, a análise textual, que é a maior força do paradigma analítico-textual, passa a ser igualmente a sua maior fragilidade.

Mesmo quando a análise textual é absorvida pelos demais paradigmas contemporâneos, com maior ou menor aproveitamento de seu aparato técnico-descritivo, outras restrições emergem em relação aos pressupostos do paradigma analítico-textual. Uma delas é que o foco preferencial em obras de alta elaboração estética é contraproducente para a formação do leitor, impedindo que sua habilidade de leitura literária seja progressivamente conquistada por meio de leituras de obras mais simples ou menos elaboradas, porém mais próximas de seu gosto ou condições cognitivas de leitura. Também a preferência por textos curtos, que facilitam o trabalho em sala de aula, atua como um estreitamento indevido de um horizonte de leitura que já é limitado pela exigência de qualidade estética.

Outra restrição é que o investimento na diferenciação da linguagem literária em relação à linguagem cotidiana limita o universo literário a um conjunto de poucas obras que melhor se posicionam em termos de experimentação linguístico-textual, notadamente as obras de vanguarda ou modernistas. Além disso, apaga os trânsitos e os empréstimos que a literatura precisa fazer com outras linguagens para se constituir como tal, uma vez que também é um discurso entre outros discursos. Não surpreende, portanto, que essa percepção da linguagem literária patrocinada pelo paradigma analítico-textual seja considerada esotérica pelos alunos, e a experiência de leitura literária na escola seja totalmente diversa daquela experimentada fora dela.

Por fim, questiona-se o foco excessivo no texto que não deixa espaço para o leitor, apagando a sua presença na construção dos sentidos da obra e ignorando que a análise textual é um modo de ler que também constrói o texto como literário. Igualmente, a aula centrada no professor tende a ignorar a contribuição dos alunos e instaurar na prática a leitura única ou autorizada, muitas vezes aquela que já vem pronta do livro didático ou tomada de empréstimo dos críticos autorizados, matando a plurissignificação que deveria ser o objetivo primeiro da leitura literária na escola.

O paradigma social-identitário

> A literatura não somente deve permanecer nos currículos escolares, mas lhe deve ser dado um papel mais central do que o atual, sem a tendenciosidade de gênero e classe social que cerca sua realização pedagógica. É a única matéria que pode oferecer alimento para os sentidos e emoções em simbiose com conscientização cultural, social e política, como um aprendizado de prazer e autoconhecimento junto à aquisição de valores de participação política como sujeitos sociais.
>
> Cyana Leahy-Dios, *Educação literária como metáfora social: desvios e rumos*

Em 30 julho de 2010, a Ouvidoria da Secretaria de Políticas de Promoção da Igualdade Racial (Seppir) do Ministério da Educação protocolou junto ao Conselho Nacional de Educação (CNE) uma denúncia que recebeu contra a adoção da obra *Caçadas de Pedrinho*, de Monteiro Lobato, em escola particular do Distrito Federal, por ferir a legislação antirracista brasileira. De acordo com a denúncia, a obra representava a personagem negra Tia Anastácia de maneira estereotipada e claramente racista, associando-a de forma depreciativa a animais, tais como urubu, macaco e feras africanas. Além disso, a edição da obra analisada continha um esclarecimento sobre a legislação do Ibama que protege os animais em extinção, contextualizando a narrativa para o momento atual, mas silenciava sobre seus estereótipos raciais.

Em 1º de setembro, depois dos encaminhamentos processuais necessários, dentre os quais se acrescenta que a obra também havia sido adquirida pelo Programa Nacional Biblioteca da Escola (PNBE) do MEC, nos anos de 1998 e 2003, o CNE se manifestou por meio do parecer CNE/

CEB n. 15/2010. Nele considera a denúncia pertinente e propõe algumas ações de cunho geral, como uma formação mais adequada dos professores para lidar com questões raciais na escola; e específico, como o acréscimo de uma nota explicativa em semelhança a que fora feita para a questão ambiental sobre os estereótipos raciais presentes em *Caçadas de Pedrinho* e em quaisquer outras obras com tais características racistas.

O parecer foi divulgado na imprensa como uma forma de censura à obra de Monteiro Lobato e logo um intenso debate se estableceu em jornais, revistas e blogs, envolvendo cartas públicas de instituições e associações profissionais e políticas, notas de esclarecimento, manifestos de movimentos sociais, depoimentos e entrevistas com ativistas políticos e especialistas de diversas áreas. A polêmica foi tão forte que o MEC demandou um reexame da questão ao CNE, que resultou em um novo parecer publicado em 1º de junho do ano seguinte, o parecer CNE/CEB n. 6/2011. Nele se recusa a acusação de censura, se reconhecem a qualidade literária e a condição de clássico da literatura infantil da obra de Lobato e se reafirma o disposto anteriormente, inclusive a necessidade da nota de advertência. Como é comum no diálogo de surdos em que se constituem as polêmicas, a ratificação da posição oficial não atendeu aos contendores de todos os lados. Arrefecida na imprensa cotidiana, a questão permaneceu em discussão em tribunais e eventos acadêmicos, continuando a se fazer presente em artigos científicos, dissertações e teses até os dias de hoje, como se pode verificar pela já variada bibliografia que a acompanha.[1]

Uma leitura geral dos vários textos que tratam da polêmica indica que o debate sobre a censura de *Caçadas de Pedrinho* pode ser sintetizado em dois grandes eixos. O primeiro deles é o eixo da estética, em que se agrupam os argumentos que postulam a supremacia da qualidade estética no julgamento de obras literárias, a indissociabilidade entre forma e conteúdo da obra, a atemporalidade dos clássicos, a função da escola em transmitir a herança cultural, a separação necessária entre autor e obra ou a autonomia da obra frente às contingências sociais de sua produção e circulação, a pluralidade de sentidos constituidora do texto literário e o risco do anacronismo que leva para o passado questões do presente. O segundo é o eixo da ética pelo qual se postula que o texto literário é humanizador, produz empatia e influencia o comportamento dos leitores, além disso, há outros fatores: a necessidade das adaptações em textos de outras épocas, a importância da mediação da leitura para o desenvolvimento do senso crítico, a leitura desveladora do caráter social das obras clássicas e canônicas, o respeito às minorias e o papel da escola na desconstrução de preconceitos e na formação de cidadãos.

É confrontando as complexas e conflituosas relações entre os eixos estético e ético e colocando em evidência as tensões culturais e políticas que daí decorrem para o ensino da literatura que se constitui o paradigma social-identitário.

OS CONCEITOS

A concepção de literatura

Em uma síntese, que reconheço como precária, das várias concepções que se abrigam e interagem dentro do paradigma social-identitário, pode-se definir a literatura como *uma produção cultural que representa as relações sociais e expressa identidades*.

Enquanto produção cultural, ela faz parte de todo um conjunto de representações que envolvem as artes em geral e as novas tecnologias, cabendo à literatura o espaço da escrita e dos livros, ainda que sejam reconhecidas e valorizadas as inter-relações com o cinema, a música, as artes visuais e os recursos digitais. Uma das consequências dessa concepção é que os limites do literário se tornam relativamente porosos, já que a fronteira se dá pela presença da escrita frente a outras linguagens artísticas e culturais. Também se enfatiza a representação em lugar da elaboração, isto é, os aspectos de conteúdo são privilegiados em detrimento dos aspectos formais. A literatura, tal como nos outros paradigmas, continua sendo um conjunto de obras mais ou menos limitado por gêneros que são tradicionalmente identificados como parte do acervo literário, como o romance e o poema, ao mesmo tempo que inclui diários, autobiografias, transcrições da tradição oral e outros registros escritos ou que tenham a possibilidade de passar pela escrita e sejam perpassados pela ficcionalidade ou possuam dicção poética. Daí que, no paradigma social-identitário, a literatura assuma um caráter algo ambíguo entre a manutenção dos gêneros dados pela tradição e a relativa abertura à incorporação de gêneros periféricos e até novas manifestações culturais escritas.

Enquanto produção cultural que representa as relações sociais, a literatura espelha as contradições dessas relações e evidencia os embates políticos que delas resultam em operações de controle, silenciamento e exclusão daqueles que não se ajustam ao padrão social e cultural dominante. Aqui, por meio de uma perspectiva mimética, a literatura é colocada em homologia com a sociedade para evidenciar (e criticar) as relações de poder que se efetivam no espaço simbólico. Isso não significa que as questões estéticas sejam apagadas ou simplesmente deixadas de lado, mas que os valores estéticos são redimensionados frente a valores éticos e critérios políticos que no passado eram ignorados, desprezados ou ideologicamente ocultados. Tanto é assim que não se recusam, em princípio, as obras dadas pela tradição, nem se nega a qualidade literária delas, ou seja, se reconhece o cânone literário, mas se demanda a inclusão de obras que foram esquecidas ou subvalorizadas por conta de discriminações sociais de seus autores ou temáticas. Dessa forma, ao mesmo tempo que se desvela o caráter político do julgamento que se apresenta apenas como estético, também se reivindica a abertura do cânone para garantir maior representatividade social e assegurar o direito à memória cultural de grupos que sofreram exclusão.

Nessa mesma concepção, além da reivindicação da pluralidade social e cultural do cânone, também se denunciam a ausência de representação e, quando presentes, as representações estereotipadas e preconceituosas de minorias e outras culturas encontradas tanto em obras do passado quanto em contemporâneas. Trata-se da recusa do silêncio, que mascara ou apaga a existência da diversidade social e cultural, assim como da representação negativa, que mantém e perpetua em nível simbólico as discriminações sociais baseadas nas diferenças de gênero, etnia, orientação sexual, naturalidade e cultura diversa da dominante. É dessa maneira que as práticas de produção e consumo cultural do paradigma social-identitário demandam de autores e leitores um posicionamento ético que confronta e, no seu limite, impõe-se sobre o valor estético.

Enquanto produção cultural que representa as relações sociais e expressa identidades, a literatura é um instrumento de resistência cultural e de luta em busca da construção de uma sociedade mais justa e igualitária. Nesse caso, a literatura pressupõe um engajamento político que se efetiva pela valorização de autores e obras, que representam e dão voz e protagonismo àqueles que foram e ainda são socialmente excluídos e discriminados por suas diferenças em relação à sociedade patriarcal e desigual. Ao representar positivamente existências e percursos de vida que reafirmam e defendem as identidades étnicas, sexuais e culturais, as obras literárias garantem reconhecimento e legitimidade à identidade de grupos minoritários, funcionando como uma forma de empoderamento simbólico dos integrantes desses grupos.

Em um grau menor de engajamento, mas não menos efetivo, a literatura também é considerada um meio de humanização dos leitores, sobretudo aqueles em processo de formação. Isso porque a leitura de representações sociais e expressões identitárias positivas presentes nas obras literárias favorece a empatia social, que é compreendida como uma competência essencial para a construção permanente de uma sociedade plural e democrática. Dessa maneira, em uma espécie de ressignificação da catarse aristotélica, a obra literária, ao representar positivamente diversas identidades culturais, permite que o leitor se identifique emocionalmente com pessoas diferentes dele e, com isso, as reconheça como iguais na sua cota de humanidade, conforme a leitura hoje dominante e um tanto redutora que se faz do texto de Antonio Candido, "O direito à literatura" (1995).

Em suma, entrelaçando estética e ética, representação e expressão, cultura e identidade em uma concepção explicitamente política, a literatura é, no paradigma social-identitário, uma arena em que forças diversas se enfrentam e disputam reconhecimento simbólico, tal como acontece na sociedade que as obras representam. Apagam-se, assim, as distâncias entre literatura, cultura e sociedade porque nelas se vivencia o mesmo fazer político. Não surpreende, portanto, que, seja na escola, seja na academia, esse caráter acentuadamente político da literatura seja considerado polêmico, quando não francamente contestado e combatido como uma ameaça à existência mesma da literatura enquanto expressão de alto valor estético e manifestação artístico-cultural da humanidade. Ao que seus defensores respondem qualificando de exclusivamente canônica tal literatura e excludentemente hegemônica, masculina, branca e ocidental tal humanidade.

O valor da literatura

Seguindo a decomposição do conceito de literatura na seção anterior, podemos dizer que o valor primeiro da literatura é o seu conteúdo, o tema que aborda, aquilo que a obra diz (ou deixa de dizer) ao representar a sociedade. *A literatura vale pelo espaço de representação social que oferece tanto ao autor quanto ao leitor.* Também vale pelo desvelamento crítico que promove ou possibilita desvelar das representações veiculadas nas obras, assim como o lugar concedido aos autores enquanto representantes de grupos culturais e sociais, constituindo-se como um espaço político. Por fim, a literatura vale por ser um espaço de combate à opressão, a preconceitos e discriminações de grupos minoritários, ao mesmo tempo que disponibiliza e valoriza a representação positiva das identidades de gênero, classe, etnia e orientação sexual em um posicionamento ético.

Esse arco valorativo composto pela tríade temática-política-ética do paradigma social-identitário confere à literatura um papel socialmente relevante. A perspectiva declaradamente crítica em relação à herança cultural e aos valores culturais da elite, o comprometimento ético com as minorias e o alinhamento com a defesa dos direitos humanos e com a democracia parecem fazer da literatura uma parte fundamental da formação escolar. A literatura é essencial na escola porque é por meio das obras literárias que as questões sociais ganham visibilidade e legitimidade para fazerem parte do diálogo formativo dos professores com seus alunos.

Além disso, diferentemente do passado, o engajamento político não é mais só uma posição assumida pelo autor, mas também e sobretudo pelo leitor, que passa a demandar que as obras literárias sejam politicamente corretas, conforme o imperativo ético que governa sua vida social. Dessa forma, não cabe a figura do leitor passivo e alienado que precisa ser ideologicamente persuadido pelo escritor por meio de uma obra que retrate as mazelas sociais ou aponte os caminhos do futuro, conforme a proposta clássica da literatura engajada do realismo, naturalismo e realismo socialista do final do século XIX e da primeira metade do século XX. Longe disso, o leitor do paradigma social-identitário participa ativamente do discurso literário, seja recusando obras que considere socialmente inadequadas, seja demandando e compartilhando com o autor a construção identitária que é representada na obra.

Não menos importante é o valor da literatura como espaço de expressão e construção de identidades, tanto no plano individual quanto coletivo. Ao representar positivamente e dar protagonismo a grupos minoritários, a obra literária reverte os preconceitos e confere dignidade à diferença, possibilitando aos membros desses grupos a afirmação de suas identidades em suas lutas por reconhecimento social. Também por meio da empatia permite que outros indivíduos e grupos reconheçam essas diferenças como legítimas e aceitem seus portadores como iguais, ajudando a construir uma sociedade culturalmente diversa e socialmente democrática.

Todavia, essa intensa valorização política da literatura não se faz livre de ônus diversos para a concepção de literatura, a leitura e a formação literária. Dessa maneira, colocadas em segundo plano as questões formais e estéticas, a literatura tende a perder a sua singularidade como discurso estético, funcionando muito mais como manifestação cultural do que como expressão artística. Nesse caso, os elementos identificadores das obras literárias são relativizados e elas passam a se confundir com outros produtos culturais que lhes são próximos e pelos quais são intercambiadas.

Tal perspectiva, à primeira vista dessacralizadora e democrática, termina por negar ao texto literário a força da representação social que o próprio paradigma lhe atribui. Afinal, se é um produto cultural entre outros, não há razão para que a literatura seja vista como um espaço singular e influente na representação social e expressão de identidades, que a define e confere valor nesse paradigma.

Também há o risco permanente de anacronismo quando se julgam as obras e os autores com a perspectiva política do presente. Se o desvelamento de preconceitos e estereótipos presentes nas obras e nas posições políticas de determinados autores é importante e necessário para uma crítica das relações sociais do presente, nem por isso se podem ignorar as condições de produção e circulação da época em que os textos foram escritos. Reconhecer as distâncias temporais na leitura e escrita dos textos literários é fundamental não para que se estabeleça a avaliação 'correta' de um autor ou obra, mas sim para que a história não seja apagada e o passado possa, como passado, nos dizer como chegamos ao presente. Além do mais, se o eurocentrismo, o racismo, o machismo e o elitismo que permeavam as produções culturais de ontem – e permeiam as de hoje – devem ser denunciados e identificados como tais no debate político sobre a sociedade plural e inclusiva que se pretende viver e construir permanentemente, nem por isso a defesa e a proteção do direito das minorias historicamente oprimidas pode se configurar como adaptações minimizadoras, apagamento de trechos e proibições de obras, isto é, práticas autoritárias e censórias que terminam por ser tão discriminatórias quanto aquelas que pretendem combater.

Por fim, é preciso considerar que nos textos literários há mais do que representação social e expressão de identidade. A ênfase nesses dois aspectos pode deixar de lado outros elementos que também compõem a literatura e são buscados pelos leitores, como o exercício da fantasia e o jogo da linguagem. O destaque para o caráter político do texto literário pode negar ou bloquear a acolhida desses leitores, cujas demandas não podem simplesmente ser dispensadas como ingênuas ou irrelevantes, sobretudo na faixa etária dos alunos do ensino básico.

O objetivo do ensino da literatura

Se a concepção e o valor da literatura são questões essencialmente políticas, o objetivo do ensino da literatura não poderia deixar de ser igualmente político. Dessa maneira, quando se ensina literatura no paradigma social-identitário, um primeiro objetivo é *desenvolver a consciência crítica do aluno para que ele possa se posicionar política e eticamente em relação à sociedade*. Por força desse objetivo, o ensino da literatura adquire uma função social relevante, assimilando a formação do leitor à formação do cidadão. A tradicional aliança com o ensino de língua é colocada em segundo plano para dar lugar ao alinhamento pedagógico da educação literária com a educação para a democracia.

Também associado à questão da cidadania, um segundo objetivo é conduzir ou reforçar por meio do texto literário o conhecimento do outro ou, mais precisamente, o reconhecimento da alteridade e da diversidade dos seres humanos. Nesse caso, a exploração dos textos literários em sala de aula teria como fundamento gerar dentro e fora da escola a empatia, quer como modo de reforçar os laços de solidariedade social pela tolerância e pelo respeito às diferenças, quer como maneira de humanizar os alunos ao permitir que se identifiquem com o outro.

Na mesma linha, porém um tanto mais específico porque dirigido aos grupos minoritários ou discriminados socialmente, um terceiro objetivo para o ensino da literatura é a elevação da autoestima do aluno pelo fortalecimento e pela valorização de sua identidade. Dessa forma, o texto literário passa a ser lido tanto como um espaço de questionamento de estereótipos, naturalizações e inferiorização do outro quanto como um veículo de resistência, ressignificação e autorrepresentação positiva de identidades minoritárias na sociedade, colocando em evidência a perspectiva dos que são discriminados e fazendo da literatura uma ferramenta de empoderamento de indivíduos e grupos sociais.

Ainda que política e socialmente relevantes, esses três objetivos do paradigma social-identitário enfrentam pelo menos duas dificuldades para sua consecução. A primeira delas é que o efeito das representações literárias não pode ser previamente determinado e depende, em grande medida, de variáveis pouco controláveis, tais como o contexto e o repertório de leituras de cada leitor. A segunda é que, se a consciência crítica, a empatia e o empoderamento são elementos que fazem parte da leitura literária, assim também são a alienação, o ceticismo e o absenteísmo.

O conteúdo ou o que se ensina quando se ensina literatura

À primeira vista, o conteúdo do ensino da literatura no paradigma social-identitário é constituído simplesmente pelas representações sociais presentes nos textos. Elas são buscadas tanto nos textos canônicos quanto em textos que foram ignorados ou apagados da memória cultural por sua temática e suas características de autoria, como gênero, classe social e etnia, e, ainda, em textos que, mesmo não pertencendo à tradição literária, são relevantes pelas questões sociais que apresentam ou pela voz autoral que enunciam.

Todavia, tal como acontece no paradigma analítico-textual em relação à estrutura da obra, é o tratamento analítico dado a essas representações sociais ou o modo como elas são lidas que se revela o conteúdo mais importante desse novo paradigma. É assim que se empreende uma leitura desconstrutora das obras canônicas, seja descentrando os protagonistas em favor de personagens secundários para tornar mais evidente a representação social, seja denunciando estereótipos e preconceitos na construção da trama e das personagens. Também se realiza uma leitura ressignificadora das obras consideradas menores ou ignoradas em uma operação contracanônica, mostrando como elas se opõem, recusam ou subvertem os valores artísticos da cultura dominante. Há, ainda, as leituras que reforçam e ampliam o que identificam nas obras como elementos constituidores da identidade cultural de minorias sociais, destacando a autorrepresentação, isto é, a identidade biográfica entre o autor e a obra, como um traço determinante do valor literário dos textos.

Para realizar essas leituras, há todo um aparato conceitual que demarca como território político a abordagem do texto literário e que, ao final, também se constitui parte do conteúdo do ensino da literatura, embora não seja trabalhado como tal. São termos, expressões e noções empregados nos estudos culturais, nas teorias de gênero e pós-coloniais, na política, na sociologia, na antropologia, entre outros campos, que precisam ser aprendidos para a análise adequada das representações sociais, a exemplo de ressignificação, pertencimento, alteridade, outridade, diversidade, legitimidade, gênero, reterritorialização, subalternidade, multiculturalismo, fundamentalismo, hibridismo cultural, sexualidade desviante, normatividade etc. Aliás, o uso desse vocabulário algo especializado distingue claramente as leituras do paradigma social-identitário das antigas propostas de análise temática da sociologia da literatura. Até porque nessa nova proposta de ensino da literatura, o conteúdo do texto não é dado apenas pelo autor, mas também pelo leitor, que o reconstrói escolhendo o modo como o texto é lido.

A ORGANIZAÇÃO DO ENSINO DA LITERATURA

A metodologia

Dadas as características conceituais delineadas nos itens anteriores, o elemento definidor da metodologia do paradigma social-identitário não poderia deixar de ser a análise crítica dos textos literários. Ainda que não se possa dizer que ignora os aspectos formais ou a elaboração estética da literatura, essa análise dá pouca atenção a eles porque seu foco é o conteúdo dos textos, à medida que procura evidenciar como as tensões sociais e as identidades de grupos minoritários são representadas. Essas representações são lidas tanto para serem denunciadas em termos de estereótipos, preconceitos, discriminações, opressões; quanto para serem legitimadas em termos de direitos, respeito, empatia, empoderamento e reconhecimento da diversidade social e cultural. Essa forma de análise é considerada crítica tanto por essa abordagem temática, quanto porque demanda que o aluno como leitor literário se posicione politicamente em relação aos textos e à sociedade em que vive, assumindo de maneira positiva a sua identidade e a cidadania democrática.

É por meio dessa análise crítica dos textos literários que se busca o desenvolvimento da consciência crítica do aluno, mas esse desenvolvimento não ocorre apoiado em alguma forma de preleção ou transmissão de conteúdos. Ao contrário, acontece por meio de trocas que o aluno realiza em sala de aula com seus colegas e o professor. A participação do aluno na aula é condição essencial para o sucesso da aprendizagem. Trata-se, portanto, de uma metodologia que toma a aprendizagem como um processo ativo e colaborativo.

Por priorizar o compartilhamento como forma básica de acesso à literatura, essa metodologia não supõe um saber graduado ou práticas que devem ser progressivamente incorporadas pelo aluno, mas a construção comum de uma reflexão sobre a sociedade que está dentro e fora da escola. Essa reflexão pode ocorrer em qualquer estágio do desenvolvimento escolar, mas tem uma probabilidade maior de sucesso com alunos dos anos finais do ensino fundamental e ensino médio, que possuem a maturidade necessária para o engajamento político que está nos fundamentos básicos do paradigma social-identitário.

Embora apresente vários aspectos positivos e avanços pedagógicos quando comparada com as propostas de paradigmas do passado, a metodologia do paradigma social-identitário possui algumas fragilidades, e a maior delas é justamente o engajamento político que pressupõe e determina os caminhos a serem seguidos na leitura literária. É assim que, se por um lado, a exigência de participação e a construção colaborativa do conhecimento são aspectos positivos porque envolvem ativamente o aluno no processo pedagógico; por outro, quando não há adesão voluntária ao texto e à análise crítica proposta, esses mesmos procedimentos podem servir para a doutrinação dos alunos. Como os limites políticos da análise crítica não podem ser clara e previamente estabelecidos, o risco de uma batalha ideológica em torno do ensino da literatura pode ser a contraface de seu engajamento. Disputas entre pais e professores, escola e autoridades educacionais em relação à leitura de determinadas obras e à abordagem de determinadas temáticas ilustram bem quão conflituoso pode ser o ensino de literatura no paradigma social-identitário.

O papel do professor

Em termos pedagógicos, o papel do professor é relativamente simples, pois consiste sobretudo em suscitar e conduzir o debate sobre as obras com os alunos. Em grande parte, trata-se de um trabalho de mediação que, se for bem conduzido, deverá ajudar a formar a um só tempo o leitor e o cidadão democrata, consciente e crítico da realidade social e cultural em que está inserido. Para o seu sucesso, contam a familiaridade com a produção cultural contemporânea e o conhecimento das obras marginalizadas no passado para a indicação dos textos adequados para a turma, a habilidade de motivação e preparação dos alunos para a leitura, a capacidade de relacionar criticamente o texto literário com a sociedade.

Em termos políticos, porém, o papel do professor exige maestria e enfrenta dificuldades. Em primeiro lugar, ele precisa ter compromisso ético e político com a construção de uma sociedade mais justa e igualitária, que deve ser materializado na sua prática cotidiana de sala de aula. Esse compromisso ético e político, que não dispensa a competência técnica (Nosella, 2005), confere uma dimensão fortemente engajada à atuação docente porque tem como horizonte a formação do aluno como cidadão. No caso do ensino da literatura, esse compromisso se traduz tanto pelo objetivo de desenvolver a consciência crítica do aluno, por meio da leitura literária, quanto pela metodologia e material utilizados para o ensino da literatura.

Depois, os cursos de licenciatura não costumam contemplar uma formação que sustente teoricamente o compromisso ético e político da atuação profissional do docente. No que tange aos cursos de Letras, a preocupação com a formação técnica deixa pouco espaço para a formação político-pedagógica que, normalmente, é apenas uma carga horária acrescida por força da legislação e a cargo da área de Educação. O resultado é que os alunos encontram muitas dificuldades para estabelecer pontes entre os conhecimentos de língua e literatura do curso e a condução das aulas nas escolas, pois não foram preparados para tanto (Ferreira, 2011). Essa situação acontece mesmo quando se abandona a formação tradicional, como destaca Graça Paulino (2007: 145), ao afirmar que "na maior parte das faculdades de ponta, se o velho historiografismo formalista desapareceu, o que os alunos estudam de literatura nada ou quase nada tem relação com sua prática docente".

Por fim, demandado a se engajar politicamente e sem uma formação que o oriente para tanto, o professor de literatura precisa: evitar trocar o compromisso político pelo comprometimento partidário; lutar por uma sociedade mais justa e igualitária sem doutrinar seus alunos; conduzir a análise crítica sem ser panfletário; utilizar a literatura para humanizar e conscientizar, mas sem perder ou ignorar a sua condição estética; e apropriar-se dos textos literários para se posicionar eticamente na sociedade. Tudo isso para construir e reforçar o respeito pela diferença, a empatia com o outro, a dignidade das diversas identidades culturais, sem transformá-los em meros instrumentos de convencimento político.

Em suma, a atuação política do professor de literatura dentro do paradigma social-identitário é um campo minado para o qual ele não possui um mapa seguro, e um passo em falso pode ter consequências indesejáveis para ele, a escola, os alunos e a própria matéria que ministra.

O papel do aluno

No paradigma social-identitário, *o aluno é essencialmente um cidadão em processo formativo*. Nessa condição, o papel do aluno é ativo e colaborativo. Dele se espera uma adesão às temáticas apresentadas nas obras e à análise crítica delas proposta pelo professor. Essa adesão tem pelo menos duas modulações relevantes no desenvolvimento da consciência política do aluno ou formação do leitor crítico e autônomo, para usar uma terminologia mais afeita à área do ensino da leitura.

Uma delas é a sensibilidade que o aluno deve demonstrar, aprimorar ou desenvolver conforme a situação descrita no texto literário, ou seja, espera-se do aluno uma atitude empática frente à diversidade social. Em um projeto de intervenção pedagógica do Mestrado Profissional em Letras (ProfLetras) da Universidade do Estado da Bahia (Uneb), Julice de Jesus, por exemplo, usou os contos dos *Cadernos negros* para questionar estereótipos étnico-raciais e despertar a sensibilidade dos alunos para cultivarem "o respeito aos direitos de negros e não negros e, principalmente, construir uma sociedade mais justa para todos" (Jesus, 2016: 97).

Outra modulação da adesão requerida do aluno nesse paradigma é a emancipação identitária, o empoderamento ou o autoempoderamento que a leitura e a análise crítica do texto literário podem proporcionar ao aluno. Nesse caso, o papel do aluno consiste em assumir de maneira positiva a sua identidade minoritária e discriminada socialmente. É o que está expresso em outra proposta de intervenção feita por Cláudia Gomes do mesmo ProfLetras da Uneb. A autora também usa os *Cadernos negros* para a conscientização crítica dos alunos, "valorizando sua cultura, sua ancestralidade e elevando sua autoestima em um ambiente favorável às discussões em torno dos afro-brasileiros" (Gomes, 2016: 142).

Embora relevante em vários aspectos como ação política em favor da cidadania democrática, esse papel a ser ocupado pelo aluno no paradigma social-identitário não funciona quando determinado por uma imposição, quer seja do professor, quer seja da escola, por isso uso o termo *adesão* para caracterizá-lo. Trata-se, assim, de uma conquista ou negociação, pois se essa adesão não acontece ou enfrenta resistências, que podem vir da família e do próprio aluno por força de convicções religiosas, morais, políticas ou de outra ordem qualquer, a formação pretendida não se efetiva ou, pelo menos, fica ameaçada e o papel do aluno é simplesmente esvaziado de sua importância.

O papel da escola

A escola do paradigma social-identitário é menos um *locus* de aprendizagem e mais um espaço de socialização que dá continuidade e disputa com outros ambientes a função educativa, sejam eles a família e a esfera de interação imediata; a igreja, os locais de referência cultural, as mídias digitais e os meios de comunicação em geral. Nessa perspectiva, *a escola tem como função pedagógica principal a formação do aluno como cidadão*, cuja efetivação se dá pela integração e pela harmonização de três papéis complementares.

O primeiro desses papéis é da escola como espaço institucional para a divulgação sistemática da cultura e do conhecimento. Nesse contexto de ensino formal, cabe ao ensino da literatura dar acesso aos textos marginalizados ao longo da história ao lado das obras já consagradas, assim como abrir espaço para a leitura das manifestações culturais mais recentes, possibilitando aos alunos que reconheçam ou se identifiquem com as representações sociais dos textos. Trata-se, essencialmente, de promover uma revisão da tradição que culmina com a ampliação da herança cultural e do lugar da literatura na contemporaneidade.

O segundo papel da escola é se constituir como espaço político ou mais propriamente se reconhecer como um espaço político, pois o que se busca é ter no ensino escolar da literatura a conscientização das tensões sociais. Aqui é importante que os conhecimentos e os valores aprendidos fora da escola sejam ressignificados e as vivências dos alunos sejam relacionadas com os textos analisados em sala de aula para que, no diálogo entre o vivido e o lido, uma nova ou alternativa maneira de ver e compreender as relações sociais seja desenvolvida. A leitura dos textos literários e as análises críticas de que são objeto servem para assinalar que comportamentos opressores e discriminatórios devem ser revistos e os valores da tolerância e do respeito pelo outro devem ser cultivados.

O terceiro papel a ser ocupado pela escola é como espaço socializador, um lugar de aprendizagem prática, uma espécie de laboratório de convivência democrática, onde a diversidade social é reconhecida e as diferenças legitimadas. Nesse caso, o que se espera é que o aluno, reconhecendo e ressignificando as diferentes posições sociais e as identidades culturais que discute nos textos literários, possa interagir positivamente para a inclusão social dentro e fora da escola.

Em síntese, o papel da escola no paradigma social-identitário é ser um espaço de formação do cidadão democrático, especialmente no que tange ao respeito aos direitos das minorias, ao reconhecimento do outro, à equidade e à justiça social, com a literatura assumindo plena e conscientemente uma posição política em favor da diversidade e da inclusão social.

O lugar disciplinar da literatura

No paradigma social-identitário, seguindo a tradição, reivindica-se um lugar disciplinar específico para a literatura na grade curricular do ensino médio. Também se requer um espaço próprio e distinto para a literatura na disciplina Língua Portuguesa no ensino fundamental. Tais demandas são justificadas porque nesse paradigma o ensino da literatura assume uma função política que é central na educação escolar: a formação do cidadão democrático.

Dessa maneira, a literatura, quer como matéria, quer como disciplina, não pode mais ser relegada à função antiga de mera auxiliar do ensino de língua, muito menos à condição de simples material de leitura ou introdução e subsídio temático à produção de textos. Ao contrário desses pressupostos usuais, a literatura é agora considerada um espaço formativo essencial, porque é por meio da apresentação e da discussão dos textos literários que o aluno vai adquirir a consciência crítica e assumir posicionamento ético em relação à sociedade em que vive. Mais que isso, é por meio do texto literário que as posições identitárias das minorias, seja como representação, seja como expressão, são reconhecidas e legitimadas.

Esse redirecionamento do lugar disciplinar da literatura na escola, descolando-se do ensino da língua portuguesa e aproximando-se da História, da Sociologia e da Filosofia, sobretudo no ensino médio, tem consequências relevantes na formação do leitor e na atuação docente. No que diz respeito à formação do leitor, tende-se a minimizar os aspectos linguísticos e formais dessa formação, que passam a ser considerados tarefa do ensino de língua portuguesa, o qual, por sua vez, passa a ser claramente distinto do ensino da literatura.

No que tange à atuação docente, há um embate entre a formação recebida nos cursos de licenciatura e as novas demandas da disciplina Literatura, como já destaquei anteriormente. Nesse caso, entretanto, é preciso registrar que esse embate vai muito além da oposição entre formação técnica e formação pedagógica, ou seja, não se trata apenas da necessidade de uma readequação da formação do letrado para incluir uma perspectiva política, pois o que se coloca em xeque é a própria identidade do letrado em sua associação tradicional entre língua e literatura. Em outras palavras, como o ensino de literatura é diferente do ensino da língua, é preciso que a formação oferecida pelo curso de Letras contemple efetivamente essa diferença, estabelecendo uma habilitação própria para a área da literatura.

O COTIDIANO DO ENSINO DA LITERATURA

A seleção de textos

Elemento de extrema relevância para o paradigma social-identitário, a seleção das obras a serem lidas possui uma série de particularidades que a torna uma tarefa relativamente complexa no âmbito da escola. Em primeiro lugar, é uma tarefa de exclusiva responsabilidade do professor. Os alunos raramente são convidados a participar da seleção, assim como outras instâncias decisórias, porque cabe ao professor decidir quais textos são adequados para promover a conscientização política de uma turma específica, atendendo à agenda de engajamento do docente.

Além disso, é uma seleção que exige, para além do compromisso político como critério, um repertório de leituras que inclua obras do passado que só recentemente foram resgatadas e obras do presente cujas características desafiam ou trazem poucas semelhanças com o que é tradicionalmente valorizado como literário. É preciso, pois, que o professor detenha um conhecimento amplo e atualizado dessas obras produzidas em diferentes momentos da história, inclusive para relacioná-las com aquelas que já fazem parte da tradição escolar, assim como tenha segurança teórica para sustentar suas escolhas como literárias dentre as muitas manifestações culturais da contemporaneidade.

Do mesmo modo, como as análises críticas dessas obras alternativas, quer sejam do passado, quer sejam do presente, ainda são poucas, quando não inexistentes, o planejamento e a elaboração das aulas demandam um esforço maior de tempo e pesquisa do professor. Mesmo as obras que já fazem parte da tradição nem sempre possuem uma fortuna crítica que favoreça ou acentue a perspectiva identitária. Também os livros didáticos adotam uma perspectiva tradicional que não contempla o compromisso da conscientização política, devendo o professor construir esse tipo de análise ou realizar por si mesmo a transposição didática das análises existentes que são direcionadas a um público diferente do escolar.

Há ainda que se ter cuidado quanto ao modo como as questões sociais e identitárias são representadas nas obras, pois uma escolha baseada apenas na temática pode trazer estereótipos e discriminações que são o oposto do que o professor desejava apresentar aos alunos. No caso da cultura afro-brasileira, por exemplo, que é inclusive uma exigência legal (Lei n. 10.639/2003), é preciso, segundo Carlos Augusto de Melo e Sandra Gonçalo (2017), que a seleção recaia também sobre textos que valorizem positivamente a cultura dos povos africanos e afro-brasileiros para ajudar a desenvolver a autoafirmação. Até porque, nos textos literários em circulação na escola, os negros são usualmente focados apenas em papéis secundários ou como vítimas e inferiorizados.

Não menos importante é a questão do acesso dos alunos a essas obras que também deve ser providenciado pelo professor, na maioria das vezes com seus próprios e parcos recursos financeiros, tanto em termos de títulos quanto de volumes, o que torna proibitivo o uso de obras com maior número de páginas, quando não leva, em seu limite, a reproduções de baixa qualidade, com prejuízo de direitos autorais.

As bibliotecas escolares, quando existentes, raramente possuem um acervo atualizado e funcionamento permanente. Também é raro um bibliotecário ou auxiliar de biblioteca devidamente treinado; quando muito há um professor que por questões de saúde foi realocado para atuar na biblioteca. Os programas governamentais de distribuição de obras para as bibliotecas escolares, a exemplo do extinto PNBE, até ajudam a atualizar o acervo, mas os critérios de seleção nem sempre coincidem com as propostas do professor.

Por fim, não se pode ignorar que as escolhas do professor são, em geral, contrárias ou pelo menos paralelas à tradição escolar da literatura, tanto por conta do resgate e da abertura que realizam no cânone, quanto pelas temáticas que abordam. Daí o risco permanente que correm de serem contestadas ou censuradas pelos alunos, pela família e por autoridades governamentais, sob os argumentos de baixa qualidade literária e assunto impróprio para ser tratado na escola ou na faixa etária dos alunos, sobretudo aquelas obras que abordam questões de ordem sexual. De outro lado, também a recusa do professor em adotar certas obras consideradas clássicas ou culturalmente representativas, porque reforçam estereótipos e promovem discriminações, pode se constituir em um conflito com a escola, a família e aqueles que defendem um ensino da literatura apenas centrado em questões de ordem estética ou, pelo menos, distinto da questão política.

O material de ensino

Em princípio, o material de ensino do paradigma social-identitário não tem uma especificidade pedagógica, podendo ser qualquer texto que possa ser classificado como socialmente relevante, incluindo nesse conjunto obras literárias e manifestações culturais diversas. No caso das obras literárias, há uma preferência por aquelas que foram resgatadas de um esquecimento preconceituoso e discriminatório, a exemplo de obras escritas por mulheres. Já nas manifestações culturais, valem os textos que de alguma forma expressem a voz de uma minoria, quer possuam uma feição genérica bem conhecida, como romances, memórias e autobiografias; quer sejam produções novas, como o rap, o funk, passando pela miríade de formas dos textos digitais. O que une todos esses textos é a posição que ocupam como contracanônicos ou distintos da produção cultural dominante, além, é claro, de serem a expressão legítima de uma minoria, pois a identidade social e cultural do autor é uma caução para o valor da obra.

Outra distinção relevante nesse conjunto de obras diz respeito aos textos poéticos e narrativos. Embora haja resgate de textos poéticos do passado, eles se fazem mais presentes nas manifestações contemporâneas, sobretudo aqueles oriundos da cultura jovem e ligados à música ou a outro recurso midiático. Há, assim, uma confluência entre o material de ensino das aulas de literatura e os interesses culturais dos jovens que ainda recebe os benefícios de facilidade de acesso e reprodução.

Por sua vez, as narrativas, independentemente do período histórico em que foram produzidas, ocupam lugar preferencial como material de ensino porque encenam com maior facilidade as questões sociais. Os alunos também se identificam melhor com as personagens, sobretudo quando ocupam a função de narrador ou são protagonistas ou guia da narrativa. Mesmo quando o foco da leitura recai sobre uma personagem secundária, esse processo de identificação tende a acontecer porque essa personagem é ressignificada e passa a receber uma atenção semelhante àquela dirigida inicialmente à protagonista, em uma operação de reescritura da obra segundo as diretrizes políticas da análise.

Há, por fim, a questão temática desses textos que precisa ser relevante em termos sociais, ou seja, eles precisam tratar de alguma situação que possa ser discutida e analisada para o fim da conscientização política. Daí a preferência por textos que denunciam a violência social, os preconceitos e as discriminações sofridas pelas minorias, assim como textos que assinalam trajetórias de resistência e empoderamento de membros dessas minorias. Em qualquer dos casos, é a possibilidade de engajamento oferecida pelo texto que o transforma em material de ensino da aula de literatura.

As atividades de sala de aula

A análise crítica, que é a base metodológica do paradigma social-identitário, não tem um procedimento único para ser efetivada em sala de aula. No entanto, dada a necessidade de envolvimento político do aluno com o texto e os recursos analíticos demandados ao professor, *a discussão ou o debate parece ser o procedimento didático preferencial*. Afinal, é pelas relações que se estabelecem entre alunos e professor na discussão dos textos que a leitura literária se torna pedagógica e socialmente validada.

Tanto é assim que vários autores deixam implícito esse procedimento quando propõem a análise crítica nos termos do paradigma social-identitário. Carlos Magno Gomes (2014), por exemplo, sugere a "prática cultural de leitura" como uma forma contemporânea e mais pertinente de ensino da literatura. Exemplificando essa prática, ele apresenta diferentes roteiros de leitura apoiados em uma abordagem interdisciplinar, com destaque para as relações intertextuais, a fim de tratar da condição da mulher em textos de autoria feminina. Gomes não estabelece explicitamente como esses roteiros de práticas culturais de leitura devem ser executados, mas não é difícil concluir, pela forma como encaminha a proposta, que a base é o debate em sala de aula, dado o objetivo final de colocar em discussão as questões identitárias de minorias, "para construirmos uma sociedade mais justa e democrática, em que a liberdade de expressão e a escolha identitária sejam resguardadas por uma consciência coletiva" (Gomes, 2014: 137).

Outro exemplo vem da adoção de "projetos temáticos" centrados em questões de gênero, racismo, minorias, entre outras. Essa proposta é apresentada por Adilson Vagner de Oliveira (2017), para quem os projetos temáticos renovam e atualizam os estudos literários na escola, deslocando-os do percurso convencional das escolas literárias e da matriz cultural europeia, representada pela ligação com a história da literatura portuguesa. Dessa forma, esses recortes temáticos não só trazem um novo princípio de seleção das obras, como ainda possuem o mérito de tornar central a leitura do texto literário nas aulas de literatura, ou seja, "os debates sobre o texto ficcional devem tornar-se o núcleo da atividade" (Oliveira, 2017: 487).

Também nesse caso do projeto temático, a discussão parece ser o procedimento didático a ser usado prioritariamente em sala de aula.

Além disso, as discussões dos textos literários, que podem assumir uma feição mais determinada ou mais livre, podem também ser integradas a outros procedimentos didáticos. É o que acontece com a proposta de (re)contextualização de *O navio negreiro*, de Castro Alves, tendo como eixo o rap homônimo de Slim Rimografia, feita por João Valci Novaes (2017). Na exploração da inter-relação dos dois textos, o autor elabora uma sequência didática que envolve leituras e discussões não apenas dos textos principais, mas também de textos diversos, como fotografias, quadros, grafite, música popular e vídeo. Ao reunir todos esses textos em um processo consciente de (re)contextualização, o autor defende que assim os alunos são levados "a ressignificarem suas visões sobre o processo de construção e valorização das heranças dos povos que construíram os pilares de nossa cultura afro-brasileira" (Novaes, 2017: 37), ao mesmo tempo que se garante a formação de um leitor crítico na escola.

Um exemplo também interessante é dado por Isabel Carvalho da Silva e Jeane de Cássia Santos (2017), em uma combinação bem-sucedida de uma proposta metodológica do paradigma do letramento literário com os objetivos e o conteúdo do paradigma social-identitário. As autoras propõem a realização de uma sequência didática básica para a leitura do livro *Felicidade não tem cor*, de Júlio Emilio Braz. Nessa sequência, empregam-se, além do texto principal, vídeos institucionais e informativos, biografia, poemas e matérias de revista. Há também discussões e produção de textos em vários momentos, como pequenos ensaios, desenhos, poemas e fotografia. Ao final, os registros de leitura da interpretação são reunidos em uma feira que recebe o nome de "sarau literário" que não só expõe os textos, como também os apresenta em forma de declamação ou teatralização. Para as autoras, essa proposta de atividade de leitura literária tanto dá protagonismo ao leitor, quanto permite que desenvolva uma consciência crítica frente às questões sociais.

Vários outros exemplos poderiam ser aqui elencados para demonstrar como análise crítica e discussão em sala de aula estão intrinsecamente relacionadas no paradigma social-identitário. No entanto, mais que reafirmar a centralidade da discussão como atividade de sala de aula nesse paradigma, é preciso chamar a atenção para a necessidade de planejamento desse procedimento. Como evidencia a literatura pedagógica especializada, até porque se trata de uma prática já incorporada ao cotidiano da escola, a discussão não pode ser deixada ao acaso. Se não for efetivamente planejada, corre-se o risco de que a discussão se transforme em um simulacro, como costuma acontecer com a simples condução da análise do texto por meio de perguntas que apenas confirmam a interpretação previamente feita pelo professor. Por isso é fundamental que haja uma seleção do modelo de discussão a ser adotado, além de um planejamento sobre o que fazer antes, durante e após a atividade, também como o professor deve agir frente ao desafio de engajar produtiva e criativamente os alunos.

A avaliação

A avaliação no paradigma social-identitário é determinada por diretrizes que a distinguem e até a colocam em oposição aos métodos e aos meios tradicionais de avaliação escolar. A começar pelo compromisso de respeitar as posições políticas divergentes e pela necessidade de buscar a adesão do aluno aos textos e às análises críticas propostas pelo professor. Como o processo de engajamento é difícil de ser medido em termos valorativos pelas muitas variáveis envolvidas, *há um entendimento tácito de que a avaliação é mais uma formalidade escolar do que propriamente uma etapa do processo de ensino e aprendizagem.*

Também a tradução do resultado da avaliação em notas ou conceitos classificatórios é vista como uma forma de punir e premiar os alunos que gera uma gradação intelectual e, por consequência, distinção social que é justamente o que esse modelo de ensino procurar combater. Daí que se valorize mais o esforço do aluno em cumprir as tarefas, assim como o envolvimento nas atividades de sala de aula, do que a apresentação de um produto final ou a aferição de um conhecimento específico.

Além disso, não só se recusa fazer da avaliação um processo de punição e premiação, como também se defende que as individualidades dos alunos sejam respeitadas, assim como suas diferenças culturais sejam valorizadas, até para que os padrões dominantes da sociedade não se reproduzam na sala de aula. Como indivíduos com uma história de vida específica, os alunos não podem ser medidos em sua aprendizagem de forma homogênea e por um único instrumento.

Por fim, como a transmissão de informações é minimizada nas aulas em favor da participação do aluno na análise dos textos, há pouco espaço para a reprodução e a memorização que caracterizam a maioria dos processos avaliativos levados a cabo no ambiente escolar. É por essa razão que os recursos tradicionais, como provas e testes, são considerados inadequados e em seu lugar sejam adotadas descrições e reflexões individuais, a exemplo do diário de leitura que vale mais pelo processo do que pelo resultado obtido.

Tais diretrizes, entre outras, dão coerência ao processo avaliativo no paradigma social-identitário e convidam o professor a buscar novas maneiras de efetivá-lo. Todavia, elas também conduzem ao risco permanente de transformar a avaliação em um processo excessivamente subjetivo e com baixo poder de discriminação do desempenho dos alunos. Nesse sentido, contam as várias dificuldades que o professor enfrentará em medir o rendimento da aprendizagem, seja pela recusa de meios considerados limitados e inadequados, seja pela ausência de elementos que possibilitem uma comparação ou gradação entre os alunos nos meios utilizados, seja porque compreende que a aprendizagem se dá por mecanismos individuais que vão além da situação de ensino, entre outros fatores. Tais dificuldades tendem a gerar conflito com e entre os alunos e a família, que podem questionar e, no seu limite, recusar a legitimidade do resultado da avaliação.

Para escapar desse conflito, uma alternativa usual consiste em conferir a toda turma aprovação compulsória pela frequência ou, quando se exige uma nota, atribuir aos alunos uma nota comum próxima à máxima ou com pequenas alterações entre a nota máxima e a que lhe é imediatamente subsequente. Se, por um lado, essa alternativa pode evitar o conflito com os alunos, por outro, pode levar a desentendimentos com os professores das outras disciplinas e com a equipe pedagógica, entre outros atores, por não evidenciar a real situação de aprendizagem dos alunos e tornar inconsistente o nível de aproveitamento obtido, sobretudo quando confrontado com testes externos.

A crítica

Mais recente que o anterior, o paradigma social-identitário tem como orientação e base de sustentação o multiculturalismo, os estudos de gênero, os estudos pós-coloniais, o desconstrucionismo, o pós-estruturalismo, os estudos culturais e a teoria Queer, que, a partir os anos 1990, causaram forte impacto no campo da literatura, sobretudo na academia americana. No caso da escola, além desse suporte teórico, o paradigma recebe respaldo da Lei n. 10.639/03, que institui a obrigatoriedade no ensino básico do ensino de História e Cultura Africana e Afro-Brasileira, e da Lei n. 11.645/08, que altera a anterior para incluir os povos indígenas. Também conta com o reforço indireto dos PCNs (Parâmetros Curriculares Nacionais), que, conforme Enid Yatsuda Frederico (2014), têm como tema transversal a pluralidade cultural e em relação à literatura identifica o cânone literário como autoritário. A despeito disso, o novo paradigma não tem se apresentado como uma força determinante nos caminhos do ensino escolar da literatura. No nível médio, tende a funcionar mais em termos de projetos alternativos ou abordagem complementar ao fluxo regular da disciplina Literatura, que segue com a tradicional história literária. No nível fundamental, faz-se presente nos textos selecionados a partir de uma temática específica, porém esses textos são usados mais para cumprir os objetivos do ensino da língua portuguesa do que para atender à formação do leitor literário, seguindo as diretrizes pedagógicas do paradigma da formação do leitor que veremos a seguir.

Para essa posição relativamente marginal e esparsa do paradigma social-identitário, colaboram tanto a abordagem preferencial, em termos de conteúdo dos textos em detrimento do encaminhamento de uma alternativa também metodológica e educacional, quanto as resistências diversas que enfrenta por sua forte conotação política. Aqui podem ser arroladas as dificuldades dadas pela ausência de preparação dos professores nos cursos de formação docente, pela demanda de engajamento político e pelas suspeitas de doutrinação vindas da família, das autoridades governamentais e dos próprios alunos.

Todavia, talvez o ponto mais frágil desse paradigma não seja aquilo que lhe é mais evidente, isto é, a concepção política da literatura, mas o princípio representacional com que a fundamenta. É por força desse princípio que o texto literário deixa de ser considerado pela elaboração estética que o distingue dos outros textos, uma vez que o foco da leitura literária é o mundo representado, para se tornar um documento de embates entre grupos sociais. Nessa condição documental, não só vários outros tipos de textos são agregados ao espaço da leitura literária, como também eles passam a ser intercambiáveis entre si, podendo, inclusive, substituir, sem perdas aparentes, o texto literário, o que ameaça a especificidade do ensino da literatura na escola.

Da mesma maneira que a literatura perde sua singularidade como linguagem, também o conhecimento literário é minimizado ou ignorado para dar lugar à discussão da cultura ou das relações sociais representadas nos textos. Com isso, os alunos terminam por saber muito pouco sobre o funcionamento da literatura, passando a ter dificuldades de manipular os textos para além da leitura temática ou referencial. Não surpreende, portanto, que recusem como difíceis e incompreensíveis os textos mais complexos em termos de elaboração formal, nem que pouco desenvolvam a capacidade de interpretação. Afinal, é o reconhecimento das representações sociais, bem como a tomada de posição política em relação a elas, o que realmente importa nesse modelo de ensino da literatura.

Além do mais, também como consequência do princípio representacional, a formação do leitor literário é secundarizada em favor da socialização que se pode promover com os textos literários, os quais passam a funcionar como ilustrações sobre o que é correto em termos de comportamento social. Nos casos mais extremos e infelizmente mais comuns, a literatura torna-se apenas um meio para a crítica das questões sociais em uma apropriação atualizada e algo deslocada da máxima horaciana de combinar o útil ao agradável, atrelando o ensino da literatura a outras preocupações escolares, conforme paradigmas anteriores. Em um estudo sobre o uso da literatura no currículo de uma turma de primeiro ano do ensino fundamental, por exemplo, Maria Carolina Caldeira e Marlucy Paraíso (2016) constataram que há uma preocupação com a diversidade cultural. Todavia, o trabalho com a literatura tem os mesmos fins moralizantes de sempre, de forma que

> [...] se, no passado, ela era acionada para construir o amor pela pátria, a obediência aos mais velhos e o apreço pelo mundo adulto, hoje, ela é convocada para governar infantis para que, desde o início de sua escolarização, aprendam a respeitar as diferenças e conviver com elas, amenizando conflitos e construindo modos de ser e estar no mundo. (Caldeira e Paraíso, 2016: 184)

Outro ponto frágil é que, apesar de demandar a colaboração do leitor, não há lugar no paradigma social-identitário para um leitor que não seja o engajado. O resultado é que a ênfase excessiva no caráter político da representação literária e a demanda constante de julgamento ético de personagens, obras e autores podem ter o efeito colateral de afastar o leitor da literatura. É o caso dos alunos que se ressentem do caráter político desse ensino escolar da literatura, porque buscam no texto literário um espaço de libertação de uma realidade adversa por meio do mundo ficcional. Esses alunos não podem ser simplesmente desconsiderados em suas preferências de leituras como alienados, pois, como argumenta Michèle Petit (2008: 40), o texto literário mais que um espaço onde "nós nos consolamos das vidas, dos amores que não vivemos, com as histórias dos outros", também "é, sobretudo, uma fuga para um lugar em que não se depende dos outros, quando tudo parece estar fechado. Isso nos dá a ideia de que é possível uma alternativa".

Finalmente, há a questão do engajamento político ou compromisso com os direitos humanos e a construção de uma sociedade mais justa e igualitária, que se traduz usualmente em uma defesa do multiculturalismo e dos direitos das minorias sociais nos textos literários. O cumprimento dessa agenda progressista e com laços históricos com as posições políticas de esquerda enfrenta a acusação de doutrinação e todas as restrições que essa acusação traz para a seleção dos textos e a discussão das representações sociais em sala de aula. Também sofre uma apropriação da retórica progressista por grupos conservadores da sociedade, sobretudo religiosos, que passam a reivindicar a condição de minoria oprimida e discriminada, quando não tentam transformar a intolerância, o racismo e a xenofobia em defesa da identidade nacional, religiosa e cultural. Além disso, a recusa de estereótipos e discriminações de grupos sociais presentes nos textos literários pode ter como contraface posições revisionistas e intolerantes em relação a outras temáticas que, supostamente, ofendem e agridem indivíduos e grupos sociais, em uma espiral de vitimização que empobrece e pode cancelar a discussão e a interação coletiva com o texto literário em sala de aula.

Desse modo, o ensino da literatura do paradigma social-identitário precisa incorporar ao seu ideário que o engajamento político pode ser igualmente desafiador e contrário ao reconhecimento e à legitimidade que defende para as minorias sociais. Precisa equilibrar e fundamentar historicamente a crítica das representações sociais para não cair nas armadilhas da censura, nem reforçar o controle do imaginário social ao recusar e denunciar personagens, obras e autores. Acima de tudo, precisa compreender que a literatura, para além das representações sociais e do reforço positivo de identidades que pode oferecer, atua no corpo simbólico do ser humano e, por isso, a experiência do texto literário não pode ser controlada nem para o bem, nem para o mal. A literatura, já ensinava Antonio Candido (1995: 175), "confirma e nega, propõe e denuncia, apoia e combate, fornecendo a possibilidade de vivermos dialeticamente os problemas", além do que a literatura "não é uma experiência inofensiva, mas uma aventura que pode causar problemas psíquicos e morais, como acontece com a própria vida, da qual é imagem e transfiguração".

NOTA

[1] Em fevereiro de 2020, o buscador do Google Acadêmico registrava mais de 300 resultados para os termos conjugados "Caçadas de Pedrinho" + "Racismo". Já o banco de teses e dissertações da Capes indicava dez dissertações e uma tese sobre o mesmo tema.

O paradigma da formação do leitor

> No sistema capitalista, de uma atividade importa seu produto. A fruição, o prazer estão excluídos (para que alguns e somente alguns possam usufruir à larga). A escola, reproduzindo e preparando para o sistema, exclui qualquer atividade "não-rendosa": lê-se um romance para preencher a 'famigerada' ficha de leitura; para responder as questões de uma prova ou até mesmo para se ver livre da recuperação [...]. Com "leitura – fruição de texto" estou pretendendo recuperar de nossa experiência uma forma de interlocução praticamente ausente das aulas de língua portuguesa: **o ler por ler**, gratuitamente. E o gratuitamente aqui não quer dizer que tal leitura não tenha um resultado. O que define esse tipo de interlocução é o "desinteresse" pelo controle do resultado.
>
> João Wanderley Geraldi, *O texto na sala de aula: leitura e produção*

Lançado em 1989, com roteiro de Tom Schulman, direção de Peter Weir e protagonizado por Robin Williams, o filme *Sociedade dos poetas mortos* teve um enorme sucesso crítico e comercial, recebendo o Oscar na categoria de Melhor Roteiro Original, além de ter sido indicado em outras categorias. Para além dessa e de outras premiações, o sucesso do filme tem se prolongado por uma audiência escolar que o fez um clássico na área de educação. Aparentemente, a narrativa centrada na figura singular de um professor de literatura, em um colégio interno masculino no final dos anos 1950, tem muito a dizer sobre ensino. O professor John Keating desafia as rígidas regras de ensino da instituição com práticas didáticas pouco ortodoxas e por meio da leitura livre de poemas incentiva seus alunos a se libertarem do que lhes impõe a sociedade e buscarem autenticidade para suas vidas, praticando o *carpe diem* horaciano.

Assisti a esse filme com meus alunos em um ciclo de estudos sobre literatura e cinema da Faculdade de Educação e eles me relataram que essa era a segunda ou terceira vez que a película era exibida com fins pedagógicos. Também sei por colegas que *Sociedade dos poetas mortos* é moeda corrente em cursos de Pedagogia e Letras de diversas instituições de ensino superior, escolas de ensino médio, cursos de educação de jovens e adultos e outros espaços educativos. A exibição tem uma ampla gama de aplicações, podendo servir de motivação para se discutir a representação de professores em filmes, práticas didáticas alternativas, lugar do docente na hierarquia da escola, a autoformação dos alunos e outras tantas questões de ordem temática.

No campo do ensino da literatura, o filme *Sociedade dos poetas mortos* tem sido comumente empregado para ilustrar e dar suporte à defesa do livre acesso do aluno ao texto literário, mais especificamente à leitura sem a intromissão de críticos, historiadores, regras poéticas, classificações, análises e tudo o mais que tradicionalmente tem constituído o processo de escolarização da literatura. Para tanto, três episódios são usualmente destacados.

O primeiro deles reúne as cenas em que o professor Keating incentiva seus alunos a rasgarem um ensaio crítico que abre a antologia de poemas adotada na escola. Tanto física quanto simbolicamente, o que o professor comanda é a destruição da tradição e da ordem estabelecida sob o argumento de que precisam fazer uma leitura mais direta e emocionalmente engajada dos poemas. Nesse episódio, Keating também revela a seus alunos o que entende ser o segredo de todo poema, de toda obra literária, de toda arte: eles não são úteis como podem ser os textos técnicos, a sua importância reside no fato de que tratam da condição humana, por isso devem ser lidos como experiências de vida.

O segundo episódio, que responde mais centralmente ao título do filme, é a reconstrução, pelos alunos, da sociedade dos poetas mortos, mencionada pelo professor em referência ao seu tempo de estudante. Nesse caso, eles se reúnem em uma caverna nos arredores da escola para, em reuniões noturnas, recitarem poemas e, assim, encontrarem nos versos que leem a força de que precisam para se afirmar como indivíduos. Trata-se de um exercício de leitura autônoma em que os próprios alunos escolhem seus textos e os leem não porque isso faz parte de tarefas escolares, mas porque os poemas dizem alguma coisa para eles naquele momento de suas vidas.

O terceiro episódio, que é, na verdade, a conjugação de duas diferentes cenas, começa com a apresentação de Shakespeare feita pelo professor Keating, em que trechos da obra do autor inglês são misturados e declamados em uma performance dramática que leva os alunos ao riso, sugerindo uma total dessacralização do grande poeta. A atividade do professor é centrada exclusivamente na leitura da obra e não na sua explicação, análise ou aplicação de um saber literário ou de outra disciplina. Na continuidade, o professor sobe em sua mesa e incentiva os alunos a segui-lo para que vejam as coisas de uma posição diferente daquela a que estão habituados, urgindo que, ao lerem os textos, não devem se preocupar com o que o autor diz, mas sim com o que eles próprios pensam sobre o texto, promovendo a autoridade do leitor sobre a do autor do texto.

Os ensinamentos do professor Keating e seus desdobramentos apresentados de forma tão enfática no filme podem ser facilmente associados ao que vou aqui denominar de paradigma da formação do leitor ou da fruição. Trata-se de um paradigma que funciona como um guarda-chuva, recobrindo uma série de propostas teóricas e práticas escolares, algumas até divergentes entre si, em temáticas diversas, como aprendizagem da escrita, hábito de leitura, manuseio de impressos e gosto literário. O que atravessa todas elas garantindo a unidade do paradigma é a localização do ensino escolar da literatura como sinônimo de formação do leitor. É por meio dessa identidade geral que busco apresentar os elementos constituidores do paradigma da formação do leitor nos tópicos a seguir.

OS CONCEITOS

A concepção de literatura

Em princípio, a concepção de literatura presente no paradigma da formação do leitor estende o rótulo de literário a um vasto corpo de textos escritos que circulam dentro e fora da escola, em um alargamento bastante generoso da categoria. São considerados literários textos muitos diversos que vão desde os livros-brinquedos feitos para bebês até as obras canônicas das literaturas nacionais, passando pelos recontos da tradição oral e adaptações dos clássicos, gêneros paralelos ou híbridos, como crônicas e histórias em quadrinhos, canções populares e antologias de cordel, livros de imagens e romances em série, memórias e biografias. Em suma, praticamente toda a sorte de impressos que participa de alguma forma do mundo ficcional ou poético.

Tal alargamento traz para o ambiente pré-escolar e escolar uma pletora de textos antes ignorados ou deixados de lado, dando ao professor uma grande liberdade para usá-los conforme suas necessidades didáticas ou interesse de seus alunos. Além disso, como a formação do leitor passa a ser considerada um processo complexo e de longa duração, uma vez que se inicia com os bebês já nas creches e vai até a vida adulta, essa multiplicidade dos textos literários é fundamental para o sucesso da escola, que precisa oferecer textos adequados aos diferentes períodos do desenvolvimento físico e intelectual do aluno.

Todavia, a generosidade do paradigma da formação do leitor em considerar um campo tão amplo tem contrapartidas que, ao final, terminam por estabelecer fronteiras e limitações para o conceito de literatura. É assim que, para dar conta de tantos e tão diversos textos, costuma-se segmentá-los por faixas etárias e períodos de ensino. É isso que acontece, por exemplo, quando editoras, livrarias, sites dedicados à leitura, editais de compras governamentais e as próprias bibliotecas escolares determinam, organizam e apresentam os textos conforme a idade dos alunos ou o período de ensino, quando não adotam uma conjugação de ambos os critérios.

Tal segmentação é largamente disseminada e justificada por meio de ligações com a psicologia do desenvolvimento e da aprendizagem, sendo considerada uma forma relevante de orientação para pais e professores na difícil tarefa de selecionar textos em um oceano de publicações. Já em 1943, Lourenço Filho sugeria que os diversos textos que compunham a literatura infantil fossem organizados segundo a faixa etária das crianças, reservando os álbuns de gravuras para crianças de 4 a 6 anos, os contos de fadas e narrativas simples para as de 6 e 8 anos, as narrativas mais longas para as de 8 a 10, e biografias romanceadas, histórias de viagem e aventuras para as de 10 a 12 anos.

Aparentemente positiva por auxiliar em termos pragmáticos e imediatos a seleção dos textos por pais e professores, essa segmentação termina por impor ao campo da literatura limites ordenadores, temporais e homogeneizadores que pertencem a outros campos de saber, instituições e organizações. Nesse sentido, tem razão Ricardo Azevedo (2003: 86) ao argumentar que a divisão por faixa etária pode até ser relevante para os fins de marketing do mercado editorial e os modelos organizacionais da burocracia escolar, mas dificilmente é adequada "para formar cidadãos criativos, participantes, dotados de senso crítico e visão humanista da vida e do mundo. Nem para a formação de leitores, ou seja, pessoas que saibam utilizar livros em benefício próprio".

Além de segmentados temporalmente, os textos são agrupados em categorias que ao identificá-los como tais lhes restringem o trânsito na escola e entre os leitores. Isso porque essas categorias funcionam como ilhas, rotulando e isolando os textos em blocos que inibem a construção de percursos de leitura mais plurais. É assim tanto com as grandes categorias baseadas em fases de vida – literatura infantil, juvenil e adulta –, quanto por rótulos, como literatura de massa, literatura erudita, literatura clássica, literatura popular e outros similares que dizem mais sobre os valores estéticos e sociais dos textos do que sobre os modos como são lidos.

Também as categorias de gênero tendem a funcionar na mesma direção, fazendo que livros de imagens sejam vistos como exclusivos para crianças e que romances de aventura sejam destinados a meninos, enquanto narrativas sentimentais sejam destinadas a meninas. Neste último caso, há um binarismo que, apesar de ter sofrido modificações ao longo do tempo, conforme estudado por Andréia Cunha (2014), continua muito presente na literatura infantil e juvenil, a exemplo de duas séries lançadas há pouco tempo na coleção Jovens Leitores, da editora Rocco, cujos títulos indicam indubitavelmente o endereçamento de gênero: Rosa-Choque e Azul Radical.

Há, ainda, a contrapartida da própria ideia de formação do leitor que leva a um processo mais ou menos explícito de hierarquização dos textos. O entendimento de que a formação do leitor passa por estágios e que esses estágios demandam diferentes tipos de textos termina por reduzir a amplitude do campo literário a um percurso que não difere muito daquele dado pela tradição do ensino da literatura na escola. Assim, se o ponto de partida é mais cedo e mais diversificado em relação aos tipos de texto, como mostram os livros para bebês e as bibliotecas da educação infantil, o ponto de chegada é necessariamente a literatura dita erudita ou canônica, cuja apropriação é considerada o ápice da formação do leitor, conforme as listas de leituras dos vestibulares evidenciam. Dessa forma, nesse paradigma, o campo da literatura assume a forma de uma pirâmide, cuja base incorpora praticamente todo impresso e vai afunilando no decorrer dos anos escolares para alcançar ao final do percurso, no seu topo, a literatura canônica.

Por fim, mesmo quando essas contrapartidas são esmaecidas por uma atuação do professor e da escola menos comprometida com ordenamentos etários, categorias estéticas e genéricas, endereçamentos editoriais e hierarquias valorativas, ainda assim permanece uma restrição fundamental ao que se constitui como literário e da qual o paradigma da formação do leitor não consegue escapar: a identidade entre literatura e escrita ou mais propriamente entre literatura e o seu veículo preferencial, que é o livro. Essa identificação, que vai desde os livros de borracha dos bebês até as edições enobrecidas de obras canônicas para jovens do ensino médio, é que corta e recorta fundamentalmente o conceito de literatura do paradigma da formação do leitor. Premido por sua estreita associação com a escola, *o paradigma da formação do leitor faz da literatura um objeto impresso e por meio dele estreita e limita todo o campo de manifestação do literário.*

O valor da literatura

No paradigma da formação do leitor, é consensual que *a literatura vale pelo seu caráter formativo, sendo essa a razão de seu papel destacado na escola e na sociedade em geral.* Todavia, definir em que consiste a formação oferecida pela literatura é uma tarefa complexa pelas muitas possibilidades que ela oferece. Não é difícil, por exemplo, encontrar quem defenda que a leitura literária é fundamental para o aprendizado da escrita, favorecendo o desenvolvimento do vocabulário, a fixação da ortografia, a fluência da leitura e a incorporação do registro formal da língua, em uma abordagem estreitamente linguístico-pedagógica do valor da literatura na escola. Assim como não são poucos os que argumentam que o texto literário é veículo preferencial para a formação do cidadão, sendo esse o papel maior da literatura no ambiente escolar.

Entretanto, para o paradigma da formação do leitor, esses aspectos formativos, mesmo presentes na escola, são menores ou secundários porque o valor da literatura vai bem além do pragmatismo pedagógico que lhe é inerente. Dessa forma, a literatura precisa se fazer presente na escola por duas grandes razões interligadas entre si. A primeira delas é que por meio da literatura o aluno se desenvolve como indivíduo, ou seja, a leitura dos textos literários proporciona ao leitor experiências e conhecimentos que ampliam e aprofundam a sua compreensão do viver, que o ajudam a entender melhor o seu mundo e a si mesmo. No caso das crianças, a leitura de textos literários ajuda a desenvolver a imaginação. No caso dos adolescentes, ela ajuda a ampliar os modelos identitários. No caso do adulto, ela ajuda a refletir sobre a sociedade em que vive.

A segunda grande razão é que a literatura é o instrumento mais eficiente que se conhece para a criação do gosto e do hábito pela leitura. A formação do leitor crítico, autônomo, competente ou qualquer outro adjetivo que se acrescente ao substantivo leitor, no sentido de indicar uma competência superior, encontra no texto literário o caminho mais profícuo. Em outras palavras, "se a leitura é o poderoso instrumento que nos abre as portas do conhecimento, a literatura é a chave mágica que nos abre a porta da entrada principal que dá acesso ao mundo da leitura e a tudo que esta pode proporcionar. E isto é tanto mais verdadeiro quanto mais jovem for o nosso leitor" (Mesquita, 2011: 5).

A ligação entre essas duas grandes razões se faz pela fruição do texto literário, pelo prazer de ler. É porque se constitui em uma leitura prazerosa que a literatura auxilia os indivíduos a se desenvolverem e modelarem suas vidas da infância à vida adulta. É porque se apresenta como deleite que a leitura literária inicia e consolida a competência de ler. Daí que essa forma de ler – a leitura prazerosa – seja ao mesmo tempo ponto de partida, parte do percurso e porto de chegada na formação do leitor. É como ponto de partida que alimenta, por exemplo, o Projeto Tertulinha, coordenado por Mônica Baptista (2012), no qual crianças de 0 a 5 anos são introduzidas no universo da leitura literária. É como parte do percurso que é considerada um direito inalienável do leitor e que precisa ser assegurado pela escola e por outros responsáveis pela formação do leitor, como defende Daniel Pennac (1993). É como porto de chegada que revela o leitor maduro e sofisticado, uma vez que "a leitura como fruição, como prazer, nos reporta ao sentido mais refinado do processo de aprendizado. Leitura como estímulo e alimento da alma, de cultivo da interioridade, daquilo que Ortega y Gasset tratou como a viagem ao universo próprio, singular, não massificado" (Bomeny, 2009: 27).

O objetivo do ensino da literatura

Dentro do objetivo geral da formação do leitor que é, obviamente, a razão principal do ensino da literatura na escola, há três outros objetivos 'específicos' que juntos ou separados, a depender da abordagem teórica que os informa, constituem a base pedagógica deste paradigma: *desenvolver o hábito da leitura, criar o gosto pela leitura* e *formar o leitor crítico-criativo*.

No caso do hábito da leitura, considera-se que a leitura, dados seus inúmeros benefícios, precisa ser absorvida pelo aluno e incorporada ao seu cotidiano como uma atividade corriqueira. Para tanto, assim como se desenvolve qualquer outro hábito, o aluno deveria ser submetido a uma repetição contínua e duradoura de atividades de leitura, tanto na escola quanto no ambiente familiar. Além da regularidade, enfatiza-se na busca pelo hábito da leitura a quantidade de livros a serem lidos, pois a lógica é que quanto mais o aluno lê, maior será a probabilidade de essa prática se constituir em um hábito para ele. Todavia, diferentemente de outros hábitos a serem adquiridos pela criança, a exemplo daqueles relacionados à higiene corporal, a leitura, pela sua dimensão multifacetada, não se conforma a um simples comportamento ou habilidade que se alcança via repetição (Lajolo, 1984). Dessa constatação deriva o segundo objetivo de criar o gosto pela leitura, que deve ser associado ou anteceder e ir além do hábito da leitura.

A criação do gosto pela leitura está intimamente ligada ao prazer de ler, ou seja, a leitura prazerosa proporcionada pelo texto literário seria a arma eficaz a ser usada pela escola para enfrentar a concorrência de outros meios de entretenimento, como a televisão, o videogame e a internet, cada um a seu tempo, que 'consomem' o tempo da criança e 'roubam' seu interesse e disposição para a leitura. Para isso, a escola não pode impor a leitura de determinados textos, antes respeitar o gosto do aluno. Esse gosto tanto pode ser entendido como uma disposição 'natural' que dispensa a mediação da escola, em sua versão mais radical; quanto como uma construção cultural, da qual a escola participa e media, na sua versão mais equilibrada e conservadora. Também para criar o gosto pela leitura, a escola não deve fazer da leitura literária uma atividade escolar tradicional, submetida a tempos específicos, exercícios e avaliações. Ao contrário, sua ação deve se restringir à garantia de acesso aos textos e ao tempo para a leitura, isto é, cabe à escola oferecer diferentes tipos de textos e práticas de leitura conforme a capacidade e o desenvolvimento físico e intelectual dos alunos, o que é consistente com a concepção de literatura que defende o paradigma da formação do leitor. Em síntese, desde que obedeça ao princípio do prazer, a escola pode mediar a leitura literária, seja na forma mais direta, como acontece nos anos iniciais com a passagem da oralidade para a escrita; seja de forma indireta, quando disponibiliza para os alunos um acervo diverso de textos literários a que eles de outra forma não teriam acesso ou desconheceriam, incluindo aqui, obviamente, os textos canônicos ou de alto valor estético.

Uma vez criado o gosto pela leitura não só seria mais fácil a instalação do hábito de ler, como também seria assegurada a formação de um leitor crítico e criativo, características que seriam decalcadas dos próprios textos literários, considerando-se que esses textos apresentam diferentes concepções de mundo (a crítica) em uma linguagem estética (a criatividade). Trata-se da passagem da quantidade para a qualidade em uma relação nem sempre muito clara entre fruição e conhecimento. De maneira geral, essa formação do leitor crítico e criativo acontece em duas etapas: em um primeiro momento, o leitor é deixado livre para escolher ler o que gosta; posteriormente, esse gosto deve ser 'aprimorado' e direcionado para a formação da criticidade desejada, conjugando ou superpondo os interesses do aluno aos da escola.

Esses objetivos, graças a campanhas e engajamento diversos, já se tornaram lugar-comum nas escolas e na sociedade. Por isso mesmo, as implicações que eles trazem para o ensino da leitura e da literatura tendem a ser desconsideradas, a exemplo da mitificação da leitura como panaceia universal (Britto, 1999) e da recusa do trabalho pedagógico com o texto literário, entre outras tantas. Essencialmente, o grande problema desses três objetivos do paradigma da formação do leitor é o apagamento do caráter social da leitura, as condições de letramento que todo ato de ler revela. Por isso, tem razão Dagoberto Arena (2003: 60) ao dizer que "não há nem hábito a ser formado, nem gosto a ser criado, nem prazer a ser desenvolvido ou despertado nas práticas das leituras", o que há são "necessidades provocadas pelas circunstâncias criadas pelas relações entre os homens, ancoradas no conhecimento que tem o leitor sobre o próprio conhecimento, sobre a língua e sobre as operações que estabelecem a relação grafo-semântica entre o leitor e o escrito".

O conteúdo ou o que se ensina quando se ensina literatura

À primeira vista, não há conteúdo a ser ensinado no paradigma da formação do leitor, mas sim uma prática, uma vez que o objeto da atividade pedagógica é a fruição, a leitura íntima e pessoal sem qualquer constrição ou impedimentos. Cabe à escola desenvolver ou favorecer o prazer de ler ou a leitura do prazer, considerada uma leitura sem objetivo e sem controle antes, durante e depois do texto, do ato da leitura ou do leitor. O prazer de ler se refere ao ato de ler, independentemente do texto, a leitura como uma atividade cuja realização é prazerosa; já a leitura do prazer se refere ao tipo de texto a ser lido, a leitura que se faz de textos que proporcionam prazer. Em suma, combinados em uma atividade sem caráter pedagógico, o prazer de ler e a leitura do prazer se efetivam na escola como uma leitura gratuita destinada tão somente ao deleite do leitor.

O ideal libertário dessa prática de leitura é ainda reforçado pela ausência de hierarquias e pelo compartilhamento de gostos que ela proporciona, colocando alunos e professores em um mesmo 'nível', ainda que tenham diferentes repertórios e experiências de leitura de textos literários. Como uma prática de leitura mais próxima daquela que é feita por leitores já formados ou maduros, a leitura de fruição seria informada por critérios particulares que passam ao largo do saber literário e refletem mais adequadamente os percursos individuais de leitura, assim como o respeito por eles.

Além de gratuidade, compartilhamento e horizontalização, a leitura de fruição também se constitui como um momento de entretenimento inserido na rotina da escola, aliviando alunos e professores das obrigações pedagógicas. No caso das crianças ainda em processo de aquisição da escrita, essa prática de leitura daria continuidade ao exercício de imaginação das leituras feitas em casa ou, ainda mais relevante, possibilitaria uma transição suave entre a leitura como diversão e a leitura como obrigação de estudar. É o que aconteceria, por exemplo, na contação de histórias como uma forma lúdica de fazer a passagem da leitura da família para a leitura da escola.

Embora a leitura de fruição faça parte da experiência da literatura em todos os tempos e até mesmo seja usada como sinônimo de leitura literária em vários contextos, tomar essa prática como conteúdo do ensino da literatura não é tão simples como parece. Em primeiro lugar, há que indagar se é possível ensinar o prazer de ler. As respostas dadas a essa questão costumam contorná-la, atribuindo aos textos a capacidade de encantar os leitores que assim se dispusessem a ler ou esclarecendo que o prazer viria 'naturalmente' se dadas as condições adequadas para a fruição, a exemplo da livre seleção pelo aluno do livro a ser lido e gratuidade da atividade, entre outras.

Outra questão diz respeito à concepção de leitura que subjaz à fruição do texto literário. Aparentemente, a leitura por fruição parece supor que a leitura literária é uma prática natural ou pelo menos uma extensão não especificada da leitura em geral, logo basta ser leitor para ser leitor de literatura, como se o texto literário fosse transparente em sua elaboração e as diversas formas de lê-lo não obedecessem a constrições culturais diversas, sendo a fruição uma delas. Daí a recusa da análise e de qualquer conhecimento literário como perturbadores da relação prazerosa entre leitor e texto, assim como um entendimento limitado da fruição como prática de leitura oposta a conhecimento, crítica e apreciação. É como se para se encontrar com o texto ou se encontrar no texto literário, o leitor tivesse que renunciar a qualquer esforço e a qualquer mediação que o ajudassem a se apropriar com maior discernimento do texto (Cosson, 2006).

Há também o questionamento sobre o papel da escola nessa leitura sem objetivo outro que não o de ler o texto pelo ato da leitura em si. Para além da cobrança produtivista do tempo escolar, sempre escasso, a questão é a necessidade de se atribuir à escola tanta responsabilidade, uma vez que a leitura de fruição nega por princípio o ensinar, exigindo uma gratuidade e liberdade que não costumam fazer parte da atividade escolar.

Por fim, é limitado o entendimento do texto literário como fonte de diversão e prazer. Como é facilmente percebido por qualquer leitor, a literatura, porque trata do ser humano e de sua existência, permite e demanda um amplo espectro de respostas que variam em função do leitor, do texto, do contexto, do intertexto e demais condições de tempo e espaço em que a leitura é efetivamente realizada. O texto literário não apenas consola e conforta frente às adversidades da vida, desenvolve a empatia, amplia o conhecimento de mundo com novas experiências e fortalece identidades, mas também questiona o estabelecido, resulta em melancolia, gera angústias, traz inquietações e desaloja o leitor de suas certezas. A literatura vai muito além do entretenimento, do lazer e da diversão, que são os predicados usualmente aceitos e defendidos da leitura de fruição.

A ORGANIZAÇÃO DO ENSINO DA LITERATURA

A metodologia

O traço mais característico e mais relevante da metodologia do paradigma da formação do leitor é o seu compromisso com a leitura literária como uma prática, ou seja, a leitura do texto literário como a atividade central do ensino da literatura. Não que anteriormente a leitura dos textos não tenha recebido a devida atenção, como, aliás, é testemunha a análise do paradigma analítico-textual. A novidade aqui é que, ao tomar a leitura literária como uma prática essencial, o leitor passa a ser a medida de todo o ensino escolar da literatura. É em torno do leitor que giram a definição e o valor da literatura, assim como é a partir dele que são estabelecidos os objetivos e o conteúdo do ensino da literatura. Mais que figura central, o leitor é ainda um ser concreto, o aluno de carne e osso, para o qual devem ser voltadas todas as atividades da escola.

Essa opção algo radical pelo lugar do leitor e, consequentemente, da leitura literária como centro do ensino de literatura tem, como efeito imediato, o abandono de várias das prescrições que cercavam a leitura literária na escola, sobretudo aquelas mais preocupadas com o texto e seus conteúdos do que com a leitura em si mesma. Também os saberes literários concebidos como uma mediação necessária entre o texto e o leitor são minimizados, quando não francamente deixados de lado. Há, ainda, uma grande demanda pela interação do aluno com o texto, que faz esse novo ensino ser essencialmente pragmático e participativo. Não há mais o que transmitir e muito o que praticar quando se trata da leitura literária na escola.

Todas essas e outras características do paradigma são, em princípio, profundamente renovadoras do ensino escolar da literatura, principalmente quando se levam em consideração a educação infantil e o ensino fundamental, uma vez que o ensino médio permanece preso ao paradigma histórico-nacional. Todavia, a adoção do leitor como centro do ensino e de uma perspectiva participativa tem efeitos bem diversos, conforme o desdobramento desses procedimentos metodológicos.

A recusa das abordagens críticas, históricas ou estruturais do texto literário, por exemplo, tal como praticadas nos paradigmas anteriores, traz ao professor ampla liberdade sobre como conduzir as aulas de literatura, mas também o deixa algo perdido em um mar de possibilidades que tem como única diretriz a prática da leitura do texto. Mais que isso, a ênfase excessiva na prática da leitura de textos literários como atividade exclusiva do ensino escolar da literatura pode levar o professor ao imobilismo pedagógico, com a renúncia de seu papel de educador, uma vez que passa a ser um mero facilitador de acesso aos textos ou no máximo um animador da leitura. Em última instância, instala-se uma espécie de vale-tudo em que o professor dá por cumprida a aula de literatura pelo simples fato de o aluno solicitar um livro na biblioteca ou retirá-lo da caixa de leitura que, generosamente, organizou para sua turma.

Do mesmo modo, por um lado, a centralidade do leitor pode levar a uma positiva ampliação dos limites do literário em textos que dificilmente entrariam na escola. Por outro, se entendida como atendimento incondicional ao gosto do leitor e gratuidade absoluta da prática de leitura, pode conduzir a um apagamento da própria literatura como linguagem e arte. Nesse caso, o estatuto de literário é eliminado não apenas pela incorporação de textos de outros campos, mas também – e talvez principalmente – por uma prática de leitura que os 'desliteraliza', ou seja, que não reconhece qualquer especificidade ao texto literário, lendo-os tal como são lidos os demais textos em circulação dentro e fora da escola.

O papel do professor

Destituído de sua função tradicional de instrutor no sentido daquele que tem algo a ensinar ou transmitir, o professor no paradigma da formação do leitor traz para o centro de sua atuação outros papéis que antes eram considerados pouco relevantes ou mesmo inexistentes. O primeiro deles é a troca do erudito pelo apaixonado, ou seja, já não se exige que o professor de literatura seja um profundo conhecedor da literatura enquanto um saber distribuído pelas disciplinas da crítica, história, poética e comparatismo. Agora, *o fundamental é que o professor tenha para com a literatura que ensina um compromisso íntimo e pessoal, ou seja, que deixe de lado o saber técnico e se declare seu amante.*

Essa condição de apaixonado pela literatura está diretamente associada aos dois papéis seguintes, que são o de leitor-modelo e de mediador. Como leitor-modelo, o professor é um exemplo a ser seguido pelo aluno, seja por se apresentar como um entusiasta dos benefícios da leitura literária, seja por possuir um vasto repertório de leitura que compartilha com seus alunos. Aqui vale tanto a performance do professor em sala de aula, quando ler em voz alta para os alunos, assumindo às vezes os modos de um ator ou leitor dramático; quanto as indicações de obras que está lendo ou acabou de ler e que considera interessantes para os alunos, em uma relação desierarquizada e quase trivial em sua horizontalidade. Em qualquer dos casos, na qualidade de leitor-modelo, o professor deve fazer circular os textos literários entre os alunos, compartilhando quer as leituras de seus alunos, quer suas próprias leituras.

Já no papel de mediador, a questão é um tanto mais complexa pela polissemia que o conceito de mediação pode assumir. Um mediador pode ser desde um simples motivador da leitura de determinado texto até uma espécie de biblioterapeuta, como parece sugerir Yolanda Reyes (2014: 87) ao dizer que "além de livros, um mediador de leitura lê seus leitores", ou seja, ele deve perscrutar psicologicamente os leitores para indicar "livros que podem criar pontes com suas perguntas, com seus momentos vitais e com essa necessidade de construir sentido que nos impulsiona a ler, desde o começo e ao longo da vida". Mais comumente, o mediador, que pode ser o professor ou o bibliotecário ou outro 'agente' da leitura na escola, é um animador que introduz o texto; prepara e motiva a leitura; orienta a seleção dos textos; coordena debates sobre os textos; e colabora na criação dos sentidos do texto, entre tantos outros afazeres de quem se coloca como um elo vivo entre o texto e o leitor.

Para cumprir esses papéis, o professor nem sempre encontra na escola os recursos necessários, como se sabe da ausência de bibliotecas em funcionamento e, naquelas existentes, a parcimônia e a desatualização dos acervos. Muito menos sua formação, remuneração e carga de trabalho permitem cumprir tais idealizações, fazendo dele uma espécie de "leitor interditado" (Britto, 1998). Também em alguns casos, a preparação ou a motivação para a leitura toma tanto tempo, demanda tanto empenho e envolve tamanha performance do professor que rouba a cena da literatura para aspectos que deveriam ocupar um segundo plano na formação do leitor. Há, ainda, a construção de oposições artificiais entre o ensinar e o mediar o texto literário, como se uma atividade levasse à exclusão da outra, fazendo com que o professor encarasse a função da mediação como única ou pelo menos prioritária.

Não obstante tais dificuldades e afastado o aspecto caricatural desses papéis, infelizmente muito mais comum do que o esperado nas escolas, o lugar do professor no paradigma da formação do leitor como apaixonado, modelo e mediador traz aspectos relevantes para o ensino escolar da literatura. Um deles é o reconhecimento pelo professor da autonomia do leitor frente à leitura do texto literário, compreendendo que, na sala de aula, "a leitura literária deve ser processada com mais autonomia tendo os estudantes direito de seguir suas próprias vias de produção de sentidos, sem que estes deixem, por isso, de serem sociais" (Paulino, 2005: 63). Outro é que a atuação docente passa, necessariamente, pela sua condição de leitor literário, uma vez que "para [a leitura literária] ser desenvolvida na escola, é fundamental que os professores tenham construído previamente seu repertório de leitura literária, isto é, que sejam leitores de literatura" (Filipouski, 2005: 224).

O papel do aluno

Ao contrário do professor, que se desdobra em três papéis, ainda que complementares entre si, o aluno parece ter uma única função no paradigma da formação do leitor: *praticar a leitura dos textos literários*. Para essa prática, são idealmente garantidos: liberdade de escolha dos textos; gratuidade da atividade, no sentido de liberação de cobrança das usuais tarefas escolares; e acolhimento da interpretação do leitor como legítima.

Tudo isso em nome do gosto, do hábito e do prazer que essa prática de leitura deve trazer ao leitor.

O lado positivo desse papel é que o leitor representado pelo aluno passa a ter uma posição ativa, contribuindo efetiva e decisivamente para sua formação. O leitor deixa de ser considerado mero destinatário de uma formação predeterminada e que nem sempre lhe dizia respeito, para ser o agente dessa formação, uma vez que não há um padrão a ser seguido, antes um percurso construído por meio de diálogo e compartilhamento. Isso não significa que os pontos de partida ou de chegada, como veremos mais adiante, sejam ignorados ou desconsiderados, pois não seria formação se assim o fosse. Ao contrário, quer dizer a formação do leitor é determinada pelas escolhas negociadas entre escola, professor e aluno e não mais pela tradição, pelo cânone ou unicamente pelo valor estético das obras, como nos paradigmas anteriores.

Por outro lado, entretanto, o envolvimento pessoal do aluno com a obra literária não parece fácil de ser obtido. Daí as muitas estratégias de motivação (ou sedução) que os professores na qualidade de mediadores precisam usar para conquistar o leitor em uma disputa desigual e normalmente registrada como infrutífera com a televisão, o videogame e, mais recentemente, com as redes sociais e a internet em geral, em tudo mais sedutores do que o livro oferecido no ambiente escolar.

O papel da escola

Se a função do professor é mediar a leitura e a do aluno é praticar a leitura de fruição, à escola cabe dar condições para que os papéis atribuídos aos seus atores principais possam ser exercidos com sucesso. Nesse sentido, *a função da escola seria, por um lado, proporcionar o acesso aos livros e, por outro, garantir o tempo para a leitura de fruição.* Para o acesso, contam a biblioteca, a sala de leitura, uma estante na sala de aula, o baú de livros, a sacola da leitura e tudo o mais que se invente para fazer circular os livros não só entre os alunos, mas também na sua família, demanda comum em se tratando da educação infantil e dos anos iniciais do ensino fundamental. Para o tempo, a escola pode oferecer, para além das aulas regulares onde a leitura pode ser feita em diversos momentos, atividades extras e pontuais, como eventos específicos direcionados para a prática da leitura ou pelo menos a apresentação de resultados de atividades centradas na leitura.

Afora esse papel, que se poderia dizer pedagógico, espera-se que a escola, tal como no paradigma analítico-textual, também funcione como uma espécie de barreira ou trincheira contra a avalanche de produtos da cultura de massa e das práticas a eles associadas. Mais especificamente, contra as práticas de entretenimento veiculadas pela televisão, pelo videogame e pela internet, que roubam o lugar do prazer e da diversão do livro e supostamente todos os benefícios que são derivados da leitura do impresso.

Nessa 'guerra sem testemunhas', as primeiras batalhas, travadas na educação infantil e nos primeiros anos do ensino fundamental, são relativamente equilibradas. Para isso, são valiosas a curiosidade natural das crianças, a colaboração da família que introduz e reforça o contato com os impressos, as relações pessoais mais estreitas entre alunos e professores e a própria aprendizagem da escrita, que torna os impressos mais relevantes e mais atraentes no cotidiano do aluno. Nos anos finais do ensino fundamental, porém, assim como no ensino médio, esses reforços desaparecem e com eles a disposição do aluno para a leitura de fruição. O livro se torna quase um inimigo dos alunos, que, com as honrosas exceções de praxe, passam a considerar a leitura de fruição uma atividade escolar como as outras, ainda que inserida em um contexto distinto de aprendizagem e avaliação.

Esse diagnóstico desolador de que pré-adolescentes e adolescentes não gostam ou se recusam a ler tem sido enfrentado dentro do paradigma da formação do leitor de várias maneiras. Elas vão desde o reforço do papel de mediador do docente até o vale-tudo do ler por ler, passando por questionamentos das leituras escolares e elaboração de estratégias didáticas variadas que buscam resolver ou pelo menos remediar a situação. As soluções encontradas, entretanto, dificilmente serão satisfatórias no horizonte desse paradigma, podendo essa dificuldade de enfretamento ser considerada uma de suas 'anomalias'.

Isso porque o problema tal como diagnosticado passa por duas questões que são estruturais. A primeira é a divisão pedagógica da leitura escolar em dois tipos de leitura: uma é a leitura ilustrada, aquela que se lê para aprender a ler, para adquirir domínio do código e fluência na língua escrita, essencialmente empregada quando da aprendizagem inicial da escrita; e outra é a leitura aplicada, aquela que se lê para aprender alguma coisa que o texto traz, a leitura do texto pelo seu conteúdo, que é dominante após a consolidação do processo de alfabetização. A leitura literária é a prática principal na leitura ilustrada, mas é secundária na leitura aplicada (Cosson, 2011). A transformação do ensino da literatura em leitura ilustrada, ao longo de todo o processo formativo do aluno, proposta pelo paradigma da formação do leitor não leva em conta essa divisão, nem seu efeito estruturante para a leitura escolar como um todo.

A segunda questão é um tanto mais complexa porque estabelece o ensino da literatura não como uma matéria escolar, mas sim como uma forma de entretenimento que compete com outras no universo cultural das crianças e dos adolescentes. Nesse caso, o seu espaço e a sua importância são ameaçados tanto em uma frente externa, para onde convergem o diagnóstico e as soluções para o desinteresse dos alunos; quanto em uma frente interna, uma vez que assume um lugar literalmente extravagante em relação à estrutura e ao funcionamento regular da escola. Todavia, nem os muitos trânsitos (hoje até convergência) entre os textos impressos e outros produtos culturais, nem as dificuldades de inserção de novas práticas na escola, como bem chama a atenção Rosa Hessel Silveira (1991) no que diz respeito à produção de textos, são devidamente levados em consideração pelo paradigma da formação do leitor.

O lugar disciplinar da literatura

Sem forças para destronar o paradigma histórico-nacional no ensino médio, o ensino escolar da literatura no paradigma da formação do leitor se concentra na educação infantil e no ensino fundamental. No caso da educação infantil, como é próprio dessa etapa, trata-se da introdução do impresso em atividades lúdicas e do desenvolvimento da linguagem por meio de narrativas, poemas e jogos verbais. Nesse caso, ensinar literatura é antes de mais nada *entreter e divertir a criança, sendo que o texto literário se mistura com outros textos, sem que sejam levadas em consideração suas especificidades*. Não que as brincadeiras feitas com textos literários diversos sirvam apenas ao ludismo. Os pais, os professores e a escola precisam estar bem conscientes não só dos benefícios que as atividades envolvendo os textos literários trazem para a aprendizagem e o domínio futuro da escrita, mas também para o desenvolvimento e o fortalecimento dos vínculos sociais, culturais e afetivos na infância. A imaginação e a fantasia, todos nós sabemos, exploradas na manipulação dos textos literários, são elementos essenciais na formação da criança, assim como a literatura tem um papel relevante nas atividades com a linguagem escrita, o letramento e a alfabetização.

Já no ensino fundamental, há que se ter em conta a divisão entre os anos iniciais e os anos finais, que, mesmo considerados em um contínuo de práticas, como é observado na atual BNCC (Base Nacional Comum Curricular), funcionam de modo diferente na organização curricular. Aparentemente, os textos literários se fazem mais presentes na primeira fase porque eles são explorados mais livremente em atividades orais e escritas, ajudando a aprendizagem da escrita. Já na segunda fase, disputam lugar com outros textos, sobretudo os jornalísticos, tomados como os novos modelos de escrita, e ficam mais restritos à leitura de fruição. Talvez seja essa uma das razões para o declínio não do interesse do aluno leitor pela literatura, mas da prática de leitura literária escolar junto aos adolescentes que tanto preocupa professores e estudiosos quando comparados com as crianças. A verdade é que o espaço dessa prática em sala de aula diminui consideravelmente da primeira para a segunda fase do ensino fundamental.

O lugar do ensino disciplinar da literatura sofre ainda outros estreitamentos nessa segunda fase do ensino fundamental. Trata-se, primeiramente, da identificação da literatura com o livro, retirando o convívio do aluno na sala de aula com os gêneros da literatura oral, antes abundantes mesmo que passassem de alguma forma pelo impresso, a exemplo das parlendas, dos contos maravilhosos, das quadras e das fábulas. Depois, há uma limitação da leitura literária à leitura silenciosa, uma vez que a contação de histórias e as leituras dramáticas, assim como outras atividades de oralização dos textos, são práticas pouco comuns com adolescentes. Há, também, um insulamento da literatura na leitura (e na leitura extraclasse por conta da ênfase na leitura integral do livro), deixando a maior parte da produção textual e da reflexão em torno da língua para outros tipos de textos. Por fim, não menos importante, tem-se uma associação estreita da leitura literária com a leitura de fruição, enfatizando a leitura individual e solitária do texto em detrimento de leituras coletivas e outras formas de apropriação do texto literário. Tudo isso faz da literatura no paradigma da formação do leitor um apêndice de luxo ou carga extra no ensino da leitura dentro da Língua Portuguesa, um espaço que obviamente não pode ser grande, nem central a esse componente curricular.

O COTIDIANO DO ENSINO DA LITERATURA

A seleção de textos

Dada a liberdade de escolha do professor, assim como a amplitude dos impressos que podem ser rotulados como literários e a centralidade da leitura de fruição, a seleção de textos no paradigma da formação do leitor poderia ser vista como uma tarefa fácil. Todavia, as limitações materiais de acesso aos textos, a diversidade de gostos dos alunos e a necessidade de conciliar as premissas do paradigma com os objetivos pedagógicos do ensino da língua materna tornam a seleção dos textos uma operação delicada que sempre corre o risco de não surtir o efeito desejado, quando não leva ao seu oposto.

O pressuposto básico é que *a escolha deve tomar como ponto de partida o texto que é, de alguma maneira, próximo do aluno*. Essa proximidade pode se referir a gosto, realidade, contexto, vivência, capacidade cognitiva, faixa etária – em suma, a qualquer ponto onde o aluno se encontra em relação ao texto literário. O passo seguinte é a introdução de outros e novos textos para que, progressivamente, o aluno desenvolva o hábito da leitura, crie o gosto pela leitura, amplie o repertório de tipos de texto e depure o senso crítico e estético. Como se pode ver, esse percurso relativamente simples de duas etapas possui variáveis que, consoante a posição assumida pelo professor, podem facilitar ou dificultar o encaminhamento da formação do leitor na escola.

A começar pela definição da proximidade do aluno com o texto em termos temáticos. A seleção adequada seria supostamente de textos que abordassem questões contemporâneas ou diretamente relacionadas à vivência social do aluno. O entrave aqui é que esses textos raramente são os preferidos dos alunos, sobretudo aqueles mais jovens ou crianças, cujo interesse temático é mais direcionado para a fantasia e a aventura do que para questões sociais. Além disso, a eleição de uma determinada temática como prioritária não leva em consideração as múltiplas abordagens que ela pode assumir nas obras literárias, nem seus diversos níveis de elaboração. Um texto tematicamente familiar pode ser também um texto formalmente complexo e de difícil compreensão. Mesmo quando acessível em registro linguístico, o texto tematicamente próximo pode funcionar como um limitador do horizonte do leitor, impedindo que acesse outras realidades e vivências que poderiam ser até mais relevantes para a sua formação pelo fato mesmo de abordarem outros modos de ver e organizar o mundo.

Afastada a proximidade temática, atender à "realidade do aluno" também se refere ao repertório de leituras que ele construiu até o momento, em uma mistura de leituras escolares com textos da cultura de massa, com predominância destes últimos no conjunto. Acontece que esse repertório é quase sempre frontalmente contrário ao que a escola toma como literatura, isto é, o cânone literário, do Brasil, de outros países ou obras clássicas. Nesse caso, as alternativas dadas pelo paradigma ao professor parecem pouco produtivas.

A primeira delas seria simplesmente abandonar todo e qualquer princípio seletivo em favor do 'gosto' do aluno, sob a justificativa de que não importa o que é lido, desde que o aluno leia alguma coisa, no melhor estilo do 'ler por ler'. Nesse vale-tudo, perde-se não somente a possibilidade de um diálogo com a tradição e a herança cultural do país, como também a própria condição da escola como agência de formação. Afinal, se é para 'apenas' ler, que razão teria o aluno para frequentar a escola? Nessa mesma direção, encontra-se a aposta na quantidade, isto é, o controle a ser exercido pela escola seria apenas de impor uma quantidade mínima de textos a serem lidos, independentemente de qualquer outro critério. A suposição é que a quantidade leva necessariamente à qualidade e que os alunos 'naturalmente' buscariam outras leituras quando saciados dos textos esquemáticos e padronizados da cultura de massa. Novamente, nega-se a mediação da escola em favor de uma crença ingênua que a realidade das salas de aula com os alunos escolhendo os livros mais finos e mais fáceis de serem lidos não cansa de desmistificar.

A segunda alternativa seria aceitar a leitura dos textos da cultura de massa como uma etapa incipiente, embora necessária, da formação do leitor, uma espécie de estágio inicial pelo qual todo aluno deveria passar para se chegar ao leitor maduro, supostamente mais afim do cânone e dos clássicos, aqui considerados o ponto de chegada da formação do leitor. Nesse caso, o risco imediato, aliás reclamado por vários professores, é a perda de um tempo já escasso por sua natureza, que é o tempo da formação escolar, para reforçar ou consolidar práticas de leitura e repertórios que já foram incorporados pelo aluno ou que certamente prescindem da mediação da escola para serem efetivados. Além do desperdício de tempo, a perspectiva etapista seria igualmente prejudicial porque implica uma leitura teleológica e mascara uma visão elitista da literatura que parece muito distante do paradigma da formação do leitor. Em outras palavras, ao tomar a leitura dos textos da cultura de massa como uma etapa necessária para chegar ao leitor maduro, a escola apenas superficialmente aceita essas leituras, fazendo delas um trampolim para se alcançar a sua verdadeira finalidade, que é a leitura do cânone. Com isso, termina por simplificar ou negar a experiência dos alunos, porque feita com obras sem qualidade, ao mesmo tempo que reforça a ideia de que a literatura é apenas o que está na tradição ou no cânone.

Outra forma de atender à necessária proximidade entre aluno e texto seria observar na seleção a faixa etária ou a capacidade cognitiva do aluno. Aqui o primeiro e principal problema é o estreitamento que tal critério pode acarretar, padronizando leitores e livros, como já nos referimos anteriormente. Daí a importância do alerta de Maria Thereza Fraga Rocco (1989: 126) para quem a preocupação em relacionar automaticamente faixas etárias, desenvolvimento cognitivo e textos literários "parece-me arbitrária, artificial e falseada e, sem dúvida, constitui-se em caminho que conduz ao fracasso".

Depois, mesmo que não seja utilizada a faixa etária para a classificação dos textos, a questão do endereçamento e a acessibilidade dos textos precisam ser observadas, sobretudo em relação às crianças. É aqui que entram o universo da literatura infantil e juvenil, os *best-sellers*, os clássicos adaptados, os livros de imagens, as histórias em quadrinhos e toda a miríada de formas e impressos que são direcionados ao público infantil e juvenil dentro e fora da escola.

No que tange à literatura infantil e juvenil, há uma mistura, promovida pelo mercado editorial e subscrita pela escola, entre o que é texto literário e o que é texto dirigido às crianças. Sem delimitações claras para o campo literário, confundem-se no paradigma obras literárias com textos paradidáticos, que usam uma frágil roupagem ficcional ou são francamente informativos. Além das pressões do mercado, a mistura também prospera por conta da demanda por transdisciplinaridade, que, no campo da leitura, costuma ser traduzida em pressão para a seleção de obras tematicamente alinhadas com conteúdos abordados em outras disciplinas.

Dentro do campo literário propriamente dito, há a questão dos *best-sellers*, sobretudo em sua versão mais contemporânea que são os livros em série, normalmente parte de um circuito cultural que, sob o regime da convergência, integra filmes, games e outros artefatos. Embora nem sempre direcionadas a um público juvenil, essas obras são amplamente consumidas por adolescentes, independentemente da mediação escolar. No entanto, como são usualmente condenadas como textos de má qualidade, os professores dificilmente encontram suporte na crítica literária para trabalhar com elas em sala de aula e terminam por adotar a premissa da leitura teleológica, deslegitimando no caminho a experiência literária do leitor. Como chama a atenção Ana Cláudia Fidelis (2019: 186), "não se trata, apenas, de conceber essa literatura como uma 'porta de passagem' para a dita literatura 'séria', como apregoa uma parte da crítica literária, mas, principalmente, de possibilitar ao leitor diversas experiências de leitura".

No caso dos clássicos adaptados, que podem inclusive assumir a forma de histórias em quadrinhos, o dilema entre ler o texto original e a sua adaptação não faz parte das preocupações do paradigma, porque se considera que as adaptações encaminham positivamente a formação do leitor. Todavia, nem por isso se trata de uma questão bem resolvida. Primeiro, porque há adaptações e adaptações, ou seja, para selecionar uma adaptação, o professor não pode deixar de considerar sua qualidade literária e a relação que estabelece com o original, até porque algumas adaptações são, na verdade, deformações que pouco contribuem para o conhecimento do texto original. Depois, porque a acessibilidade textual promovida pela adaptação pode até facilitar a leitura, mas também trazer perdas significativas para a experiência estética do aluno, porque tende a fazer apenas uma transposição semântica. Daí a procedência de críticas como as de Andréa Grijó (2017), para quem, mesmo reconhecendo a imponderabilidade da vivência literária, a leitura das adaptações é uma experiência sempre parcial porque o que se mantém é apenas o aspecto semântico do texto.

Para as histórias em quadrinhos e os livros de imagens, a grande questão da seleção de textos é determinar a relação com a escrita e o funcionamento das obras como literárias. Essa preocupação está intimamente ligada ao lugar disciplinar dado à literatura nesse paradigma, ou seja, a posição de auxiliar o acesso ao código escrito e a formação do leitor em sentido estrito de domínio da escrita. Nesse sentido, a leitura de livros de imagens, por exemplo, não vale propriamente como leitura, mas sim como a possibilidade de ser traduzida na escrita pelo aluno, com ou sem ajuda do professor, sendo esse o verdadeiro fim do uso desse impresso sem palavras. Do mesmo jeito, nas histórias em quadrinhos, a leitura do texto escrito predomina sobre a do texto imagético, quando não é francamente ignorada, isto é, as histórias em quadrinhos são tratadas como se fossem textos em balões ilustrados e não como uma unidade verbo-visual. Não surpreende, portanto, a larga preferência do paradigma da formação do leitor pelas histórias em quadrinhos que sejam adaptações de obras literárias canônicas. Afinal, dada a dificuldade de ler o texto imagético, é preciso pelo menos assegurar o valor literário da escrita nesse novo formato.

Além disso, a seleção do texto que busca atender às preferências dos alunos não é fácil de ser conciliada com o princípio da progressividade que levaria ao gosto pela leitura, à ampliação do repertório e à formação do leitor autônomo. Nesse caso, não só o aluno tende a se recusar a sair de sua zona de conforto, mantendo as mesmas preferências de leitura ao longo do tempo ou para fins escolares, como também a heterogeneidade de gostos e competências leitoras dos alunos, dentro de uma única turma, dificulta os compartilhamentos e torna por demais complexa qualquer ação do professor que ultrapasse o nível do indivíduo.

Por fim, apesar do discurso sobre a liberdade de escolha do professor e o respeito pelo lugar de leitor do aluno como a base sob a qual a seleção dos textos deve ser erigida, as escolas costumam apresentar uma realidade bem diferente, com interferência da equipe pedagógica e da família que usam critérios outros (e raramente literários) para a escolha dos textos. Em um estudo realizado em escolas particulares de Belo Horizonte sobre a seleção de textos para os anos finais do ensino fundamental, por exemplo, Florence Santos (2013) descobriu que o discurso da escola era de que adotava os livros segundo as preferências dos alunos, mas a prática era bem diferente, com os livros sendo previamente selecionados sem nenhuma participação dos estudantes.

O material de ensino

Tal como nos outros paradigmas contemporâneos, não há um material que seja especialmente preparado para o ensino da literatura. *São os textos literários que constituem o material de ensino, sendo tudo o mais acessório*. As concepções teóricas e as determinações metodológicas do paradigma, entretanto, conferem certas particularidades à constituição e ao uso dos textos literários enquanto material de ensino.

Nesse sentido, um primeiro aspecto a se observar é que o texto literário preferencial é o livro ou um impresso. Por força da centralidade do impresso, pouco se trabalha com obras híbridas, como canções populares, textos da tradição popular, filmes, vídeos e demais produções eletrônicas ou digitais. Quando presentes, esses textos literários precisam de alguma forma passar pelo registro escrito para serem inseridos na dinâmica escolar, fazendo com que os elementos visuais e sonoros sejam desprezados ou minimizados na leitura. Na impossibilidade de se ter o registro escrito, o texto simplesmente deixa de ser objeto da leitura ou funciona apenas como um motivador para a leitura do texto principal.

Outro aspecto relevante é que os textos são sempre integrais, ou seja, a leitura de fragmentos é praticamente ignorada no paradigma e os textos precisam ser completos para se constituírem em material de ensino. Daí que a leitura seja realizada em casa, na biblioteca e em outros espaços dentro e fora da escola, além da sala de aula. O uso do texto integral tem benefícios inegáveis quanto à compreensão do texto e ao desenvolvimento da competência leitora, mas traz obstáculos para a sala de aula, como o tempo dedicado à atividade de ler e a dificuldade de se usar um único título para toda a turma.

Também os textos literários, embora diversificados, costumam ser segmentados por critérios escolares ou etários, delimitando o universo literário a parâmetros que lhe são estranhos. Além disso, trata-se de uma literatura direcionada a um público determinado, quer sejam as crianças ou os jovens. Sabe-se que tal endereçamento cumpre papel relevante no trabalho pedagógico da formação do leitor, mas também pode estabelecer barreiras para o desenvolvimento da competência leitora, sobretudo quando usado sem que seja levado em consideração o percurso individual de cada aluno como leitor.

Essa segmentação atinge igualmente os gêneros, os tipos e a temporalidade dos textos. Assim, por exemplo, textos da tradição popular são usados normalmente na educação infantil e nos primeiros anos do ensino fundamental, mas raramente no ensino médio, que fica reservado para a leitura de obras canônicas. Do mesmo modo, as narrativas ganham preferência sobre os poemas, seja porque comportam melhor a proposta da leitura sem direcionamento, uma vez que são mais acessíveis em termos de compreensão e podem dispensar a interferência docente; seja porque são as publicações dominantes no mercado e com fácil aceitação entre os alunos. Também os textos contemporâneos se fazem mais presentes do que os de outras épocas, por conta das dificuldades impostas pelo registro linguístico de obras mais antigas e dos interesses dos alunos pelas questões do presente.

Por fim, como uma das máximas do paradigma é atender às expectativas ou ao gosto do leitor, a pluralidade e a diversidade dos textos que deveriam se fazer presentes no processo formativo são facilmente dominadas pelo mercado, que padroniza temas e formas em coleções e séries especialmente confeccionadas para uso escolar. Daí que histórias de animais sejam "preferidas" por crianças menores, aventuras e mistérios sejam temas favoritos de alunos dos anos intermediários e assim por diante, sem que sejam questionadas as origens e o reforço dado pela escola para esses gostos aparentemente tão uniformes.

As atividades de sala de aula

Dentro do horizonte metodológico da prática da leitura literária, da participação e do leitor como centro do ensino, que são os preceitos básicos de todas as atividades do paradigma da formação do leitor, há uma série de atividades que fazem parte do cotidiano das escolas, notadamente no ensino fundamental. Várias delas são elaboradas em cursos de formação docente e de mediadores de leitura a partir de técnicas ou dinâmicas de animação desenvolvidas em outros campos e adaptadas para o ambiente escolar. Outras recuperam antigas práticas culturais ou escolares, dando-lhes uma nova roupagem, tal como mostra o exemplo multifacetado da contação de histórias. Há, ainda, aquelas que derivam de orientações didáticas feitas em campanhas de promoção da leitura, originalmente associadas ao funcionamento de bibliotecas escolares ou públicas. Independentemente da origem, das inúmeras possibilidades de combinação e das muitas denominações dadas, todas essas atividades respondem à demanda frequente do professor por estratégias de ensino que possam ser traduzidas e adaptadas para o seu cotidiano, ou seja, por uma prática didática que encaminhe concretamente o ensino da leitura. Nesse diversificado conjunto, é possível identificar três grandes atividades de sala de aula que podem funcionar como uma síntese das propostas didáticas desse paradigma.

A primeira delas é a hora do conto, que é o nome mais comum dado à contação de histórias em ambiente escolar. Há muitas versões dessa atividade que ocorre em vários níveis de ensino, com os mais diferentes materiais e para os mais diversos públicos, como mostram os numerosos estudos dedicados ao tema, com orientações teórico-metodológicas, relatos de experiências bem-sucedidas e críticas sobre sua inserção no cotidiano escolar, entre outros aspectos.

A forma mais usual da hora do conto é aquela que acontece na educação infantil e nos primeiros anos do ensino fundamental, quando os alunos ainda não dominam o código escrito. A organização básica é bem simples: os alunos são dispostos em semicírculo em torno da professora que lê em voz alta uma narrativa. Essa leitura pode ser também memorizada e utilizar recursos diversos, inclusive personificação com direito a voz, roupas, acessórios e maquiagem, aproximando a hora do conto de uma performance dramática. Todavia, quando excessiva, essa performance pode desviar o interesse dos alunos do livro para a atuação do professor, deixando de ser leitura para ser uma encenação, não raro de má qualidade.

A leitura pode ser ainda acoplada a outras atividades que antecedem ou seguem a contação da história propriamente dita, como levantamento de expectativas a partir da capa do livro e registro em desenhos da parte mais interessante da história, possibilitando que a hora do conto se constitua como uma sequência didática autônoma no planejamento das aulas.

O lado negativo dessa autonomia é quando a contação da história perde sua centralidade e passa a ser um instrumento para a introdução ou o aprofundamento de determinados conteúdos escolares, comportamentos e até mesmo práticas de higiene, como escovar os dentes regularmente.

O texto selecionado é normalmente uma narrativa, mas também pode ser um poema ou até uma crônica, pois o que importa é a interação entre o professor e os alunos por meio do texto, isto é, o sucesso da atividade costuma ser medido pelo grau de resposta da audiência em termos de atenção dada à atividade e interação com o texto lido. Por força dessa avaliação, a mediação do professor ocupa um espaço crucial na hora do conto e é o professor, mais que os alunos ou o texto, o verdadeiro centro da atividade. Tal centralidade, se consciente e bem conduzida, pode trazer benefícios ao aluno, com o professor servindo de modelo de leitor, entre outros aspectos positivos. Todavia, quando excessiva, pode funcionar exatamente ao contrário, fazendo da leitura literária um espetáculo que mais distancia do que aproxima o aluno da prática da leitura oral em sala de aula.

Alternativamente, são os alunos que contam a história lida em casa com a ajuda de um membro da família ou por si mesmos, fazendo que a hora do conto também seja denominada de roda de histórias ou de leitura. Aqui a saída de cena do professor torna a contação de história menos dramática e assume uma feição mais colaborativa. Alunos e eventualmente o professor se alternam como enunciadores ou atuam em conjunto. Essa modalidade costuma ser seguida por uma conversa após a leitura, em que as impressões da leitura são compartilhadas à moda de um círculo de leitura informal. Essa conversa pode ser feita de maneira livre ou ser previamente preparada, como acontece na apresentação dos relatórios de leitura, quando o aluno indica o livro que leu para os colegas, destacando os aspectos mais relevantes, ou em um questionamento mais estruturado, recebendo o suporte do professor que prepara perguntas ou demanda dos próprios alunos a elaboração de uma pergunta sobre o texto lido coletivamente. O reverso dessa atividade é o controle excessivo da conversa, que deixa de ser uma oportunidade de desenvolver a compreensão e mesmo a interpretação do texto para ser um instrumento de aferição pedagógica, deslocando para a performance do aluno em divulgar o livro, as perguntas e suas respostas o objetivo maior da leitura compartilhada.

A hora do conto pode ainda ser um momento em que se conta uma história lida ou de memória, tendo ou não um registro escrito prévio. Usada com bastante sucesso tanto na educação de jovens e adultos quanto com crianças em fase de alfabetização, essa prática favorece não apenas a troca de experiências de leituras, como também exercita habilidades importantes para a formação do leitor, como a capacidade de síntese. No entanto, precisa ser preparada pelo aluno e executada com bastante cuidado pelo professor para que não se transforme, como se costuma observar, em um resumo do enredo, o mais das vezes precário, até porque baseado apenas na rememoração, ao modo de uma sinopse, quando não em uma recitação de trechos desconexos da obra lida.

De qualquer forma, a hora do conto ou a contação de história ocupa um papel importante na formação do leitor. Têm razão Ana Carolina Brandão e Ester Rosa (2011: 37-8) quando, tratando da roda de histórias, argumentam que a contação de história "oportuniza a formação de uma comunidade de ouvintes; é uma oportunidade para transitar entre diversas posições sociocomunicativas; compartilhar as audições de histórias cumpre uma função consoladora". Também não se pode deixar de concordar com João Luís Ceccantini (2009), para quem, considerando-se o valor simbólico da contação de histórias e a necessidade de animação da leitura, toda escola deveria ter uma hora do conto.

A segunda atividade é relacionada ao cantinho da leitura, também baú da leitura, sacola da leitura e outras tantas variantes de uma estratégia de leitura autônoma e silenciosa, em um ambiente determinado a partir de uma seleção prévia de um conjunto mais ou menos amplo de obras. Essas características aproximam essa atividade das práticas do que é internacionalmente conhecido como Leitura Silenciosa Sustentável e, nessa condição, é um tema largamente discutido em seus benefícios e modalidades. De modo específico, o cantinho da leitura é usualmente constituído por uma estante, uma caixa, uma cesta ou um baú dispostos no fundo da sala, às vezes com almofadas e tapete (mais comum em bibliotecas e em salas da educação infantil), onde são acomodados livros previamente selecionados para aquela turma. O objetivo de instalar um cantinho da leitura vai desde a necessidade de constituir um acervo coletivo de fácil acesso para a leitura independente até ser uma forma de manter ocupados e em silêncio os alunos que resolvem mais rapidamente que seus colegas os exercícios e os questionários disciplinares (Souza e Cosson, 2018).

Entre esses extremos, há uma rica variedade de práticas de leituras em sala de aula que apostam no livre acesso aos livros e na leitura independente como estratégias eficientes de formação do leitor. Um exemplo é a prática denominada por Andréa Santin (2016) de "Momento Literário". A experiência é relatada na dissertação da autora, que define o momento literário como "leitura individual e silenciosa, em sala de aula, de livros literários diversos que, depois de lidos, são contados/socializados pelos estudantes para mim/comigo" (Santin, 2016: 13). Ao detalhar a atividade, Santin explica que reuniu um conjunto de livros – obras infantis e juvenis, nacionais e internacionais, clássicos adaptados, histórias em quadrinhos com adaptações do cânone brasileiro, obras em série, *best-sellers*, paradidáticos – em uma caixa que levava semanalmente para a sala de aula. Em um horário determinado, os alunos eram convidados a escolher um livro e realizar a leitura silenciosa, fazendo o registro do título e do número de páginas para quantificação do que haviam lido ao final do ano. Após a leitura, cada aluno contava a história para a professora como condição para retirar um novo livro da caixa. Alternativamente, com a turma já adaptada à sistemática da leitura silenciosa, foram realizadas rodas de leitura e exposições sobre os livros em murais, além de outros recursos de divulgação das obras feitas pelos próprios alunos. No final do ano, os alunos receberam um certificado atestando o quanto leram naquele período. Os resultados foram altamente satisfatórios, tanto na aquisição do hábito quanto do gosto pela leitura. Para aqueles que decidirem seguir seus passos, Santin alerta que a sala de aula nem sempre será silenciosa durante a leitura, nem deixará de haver momentos em que o docente precisará intervir com este ou aquele aluno, por isso são fundamentais a persistência e a confiança no valor da atividade, até para enfrentar dificuldades, como a composição do acervo, a recusa do aluno em realizar a atividade, a 'estranheza' da equipe pedagógica pela ausência de avaliação explícita e o funcionamento precário da biblioteca, entre outros percalços.

A terceira atividade é o diário de leitura, que consiste basicamente no registro das impressões de leitura em um caderno, agenda, folhas avulsas ou eletronicamente em um blog. Essas impressões podem ser registradas ao longo da leitura ou apenas em seu final ao modo de um relatório. Tal como o diário íntimo, um de seus ancestrais, o diário de leitura é pessoal, ou seja, pressupõe o registro de um leitor individualmente, embora esses registros possam ser coletivizados de diversas formas, como na alimentação de um debate sobre o texto lido, na elaboração de um portfólio de leituras e em uma exposição de diferentes impressões sobre o mesmo livro lido por um grupo de alunos ou turma. Também não há limites para seu uso em sala de aula, podendo ser utilizado tanto com crianças ainda na educação infantil quanto com alunos do ensino médio. No primeiro caso, o diário traz desenhos, rabiscos e colagens que respondem de alguma forma pela leitura da obra, sendo o diário confeccionado com a ajuda dos pais ou em um momento coletivo na sala de aula sob a supervisão da professora. No caso dos alunos do ensino médio, espera-se um registro mais elaborado em termos de escrita, podendo até se constituir em uma série de pequenos ensaios para a publicação em jornal escolar, blog, site ou rede social, onde se expõem/apresentam sugestões de leitura. Naturalmente, como se trata do registro de impressões pessoais, o diário de leitura não pressupõe uma avaliação de seu conteúdo, mas apenas a aferição da realização da leitura, o que pode trazer alguma dificuldade para seu uso como tarefa escolar, ainda que a efetividade do registro e a qualidade de seu conteúdo possam ser indiretamente verificadas por meio do compartilhamento das impressões com os colegas e o professor.

Nos últimos tempos, o diário de leitura ganhou destaque como estratégia didática no ensino da língua portuguesa, sendo associado à produção de textos, sobretudo a partir da perspectiva dos gêneros textuais. Com isso, a despeito de seus aspectos positivos, o uso disseminado do diário de leitura pode levar a uma certa confusão entre os textos literários e informativos. Ao submeter os dois tipos de textos à mesma estratégia de registro da leitura, o texto literário pode ter a sua especificidade ignorada e ser tratado como qualquer outro texto para ensinar a ler como uma simples habilidade de decifração do texto escrito. Esse desvirtuamento é facilitado no paradigma da formação do leitor justamente porque os limites que se estabelecem para o campo literário são extremamente porosos e se tem como princípio a livre escolha do aluno da obra a ser lida.

Não obstante tais riscos, que são inerentes à proposta teórico-metodológica do paradigma, o uso do diário de leitura pode ser de grande proveito em práticas de formação do leitor de literatura. E sendo esse um paradigma não tradicional, exemplos de uso são fundamentais para sedimentá-lo. Um exemplo é a experiência de Raquel Souza (2016) com alunos do sexto ano do ensino fundamental a qual usou o diário de leitura como "uma estratégia para a abordagem do texto literário em sala de aula que criasse oportunidades para os alunos se expressarem subjetivamente sobre a leitura literária compartilhada pela turma", ao mesmo tempo que permitisse ao professor "obter registros da recepção dos leitores em relação à compreensão e fruição da obra" e, assim, "oferecer-lhes andaimes para a construção de sentidos e fruição do texto" (Souza, 2016: 187). Os resultados obtidos indicam o acerto da escolha da estratégia, pois, segundo a autora, seus alunos passaram por processos de identificação diversos com a obra lida, ampliaram a compreensão e a fruição do texto e desenvolveram suas competências leitoras.

Outro exemplo é a experiência de Jaqueline Koschier (2019) com alunos do ensino médio, um nível de ensino em que não se costuma adotar o diário de leitura para ensinar literatura. A autora usou o diário de leitura como uma atividade livre e suplementar às aulas regulares de literatura, adotando como critério de seleção a livre escolha, para o momento inicial; uma lista de obras, para um segundo momento; e uma lista de autores, para um terceiro momento. O objetivo era "ampliar os conhecimentos acerca da leitura literária, valorizar as escolhas pessoais dos estudantes destacando o valor e o sentido da literatura na formação humana" (Koschier, 2019: 50). A resposta dos alunos à atividade variou da resistência à adesão entusiasmada, com alunos lendo não apenas um livro, mas uma série inteira, passando por releituras e surpresas na descoberta de autores e temáticas, em um trânsito salutar entre o canônico, o *best-seller*, a literatura juvenil e a cultura de massa. Após analisar 464 diários, a autora concluiu que seus alunos se aproximaram mais das obras literárias, renovaram pela leitura a percepção que tinham do mundo e tornaram-se coautores dos livros que leram.

Em geral, ainda que distintas em vários aspectos, as atividades de sala de aula do paradigma da formação do leitor podem ser facilmente entrelaçadas umas com as outras, até porque compartilham a estratégia comum de o aluno escolher livremente o texto a ser lido, ainda que a partir de um conjunto previamente selecionado, em horários ou períodos determinados, sem ser acompanhada de uma avaliação formal ou mais precisamente com o predomínio de um controle quantitativo sobre o qualitativo. Essas atividades costumam ser mediadas pelo professor mais em termos de 'animação' da leitura do que em termos de conhecimento ou competência porque, em geral, não incorporam um caráter instrucional. O seu maior objetivo é fazer o aluno ler o texto por ele selecionado e, assim, pressupõe-se adquirir o gosto e o hábito pela leitura. Como consequência, são marcas características dessas atividades uma frequente mistura ou indistinção entre obras literárias e informativas, além de uma ênfase excessiva no processo de mediação. Também se observam superficialidade na exploração dos textos, o mais das vezes, uma simples paráfrase para os poemas e a reprodução do enredo para as narrativas. Há, ainda, uma tendência em transformar a leitura literária em um conteúdo ou produto, a exemplo das feiras e das semanas literárias em que a pesquisa de biografias dos autores, as maquetes de cenários e os alunos transvestidos de personagens demandam um tempo desproporcional em relação à leitura da obra, ou seja, a ênfase da atividade recai não sobre o processo da leitura, mas sim sobre o resultado da leitura pedagogicamente concebido como um produto.

No conjunto, a maior vantagem dessas atividades é que elas efetivamente encaminham o aluno para a leitura integral das obras, o encontro pessoal e intransferível entre leitor e obra, que é o primeiro e essencial passo em qualquer ensino da literatura. A maior desvantagem é que não se vai muito além disso e o aluno fica entregue à própria sorte para se constituir como um leitor literário.

A avaliação

Testes, fichas de leitura, questionários e resumos – para não se falar de estratégias didáticas mais antigas, como metrificação de poemas e classificação de figuras de linguagem –, todos são considerados formas inadequadas de avaliar a leitura dos textos, porque contrariam a gratuidade que é reivindicada como essencial à leitura de fruição. Esse princípio da gratuidade torna a avaliação um tema difícil no paradigma da formação do leitor. Se é gratuita, como avaliar? Se não tem conteúdo, o que tem para avaliar?

As respostas dadas dentro do paradigma são variadas. Uma delas consiste em simplesmente renunciar a toda e qualquer avaliação, tendo em vista que a fruição é um processo pessoal e imensurável. Essa postura de imobilismo docente, que alimenta o ler por ler, tem como resultado o desprestígio da literatura na escola, tanto como saber, quanto como prática. Menos radical e um tanto mais eficiente em relação aos objetivos de desenvolver o gosto e o hábito da leitura, encontra-se o registro da quantidade dos livros lidos como forma de acompanhamento do progresso do aluno, que pode variar desde uma simples contagem de retirada e devolução da obra na estante até formas mais sofisticadas que verificam (e corrigem) se há diversidade e complexidade progressiva na seleção das obras. Nesses registros, a grande dificuldade é não tomar a mensuração de dados quantificados como a única medida de avaliação, tornando secundário aquilo que realmente importa nos resultados obtidos, ou seja, a formação do leitor.

Mais produtivas do ponto de vista pedagógico, porque implicam compromisso do aluno e maior integração com as demais atividades escolares, são as avaliações que aliam a gratuidade da leitura com diversas formas de registro da leitura realizada. O diário de leitura é um caso exemplar desse tipo de integração quando os registros feitos também são usados para fins avaliativos. Uma forma paralela é o relatório das leituras, que consiste em um registro mais amplo das leituras feitas, usando recursos diversos que não apenas uma impressão escrita e pessoal, como associações com outros textos, vídeos, canções, fotografias e produtos culturais de qualquer ordem. Ele funciona como uma espécie de relatório da fruição feita e, por ter um caráter mais aberto, costuma ser compartilhado não apenas com o professor, mas também com os colegas e toda a escola por meio de exposições ou eventos similares.

A avaliação também pode ser feita de forma indireta a partir da performance do aluno em atividades de oralização e em outros contextos pedagógicos em que a competência leitora seja exigida. Nesse caso, o progresso do aluno é feito a partir de correlações entre a performance exibida e a dificuldade ou facilidade de manipular os textos literários. Essa apreciação, entretanto, pode ser pouco eficiente para alunos mais tímidos ou mais identificados com outras disciplinas, podendo conduzir a resultados imprecisos ou não confiáveis. Também no caso das crianças pequenas se costuma fazer a avaliação por meio da observação do professor, que registra em pareceres o desempenho do aluno em relação à leitura dos textos ao longo de um período. A forma mais usual desse parecer é um texto descritivo, mas pode também ser um formulário com perguntas e respostas à moda de um questionário com escala Likert, em geral composto de cinco itens que indicam a posição do respondente em relação a uma determinada afirmação.

Independentemente da estratégia adotada, a avaliação parece ser a parte mais frágil do paradigma da formação do leitor. Mesmo nos casos em que se usa a quantificação como método, os dados coletados raramente são plenamente satisfatórios, até porque a leitura individual ou compartilhada é uma competência por demais multifacetada para ser medida unicamente por frequências e números.

A crítica

Muito presente nas escolas, sobretudo na educação infantil e no ensino fundamental, o paradigma da formação do leitor começou a ser desenvolvido nos anos 1980, alimentando-se, inicialmente, de um amplo contexto de crise no ensino da leitura, para o qual surge como solução e salvação. Intimamente relacionado às propostas do sociointeracionismo no Brasil, ele adquire forma definida e legitimidade nos Parâmetros Curriculares Nacionais e em vários programas de formação docente, cursos de extensão e formação de mediadores e animadores da leitura, promovidos pelo Ministério da Educação e pelo Ministério da Cultura, entre outras instituições, nos quais a literatura é um discurso entre outros e a fruição dos textos, a leitura de deleite, constitui o fim primeiro e último da presença dos textos literários na escola.

O seu suporte teórico e metodológico é recolhido em fontes diversas e diversificadas, não sendo possível identificar uma única ou mesmo claramente a sua base conceptual, até porque o paradigma, como destaquei inicialmente, funciona como uma frente que guarda em si elementos algumas vezes até contraditórios. É assim que uma parte de suas fontes está relacionada à sociologia da leitura, à história da leitura e à estética da recepção, especialmente no que diz respeito à centralidade do leitor no circuito da leitura, antes mais voltado para o autor e o texto, alinhando-se à ascensão da leitura como um objeto de conhecimento autônomo. Outra parte encontra suporte nas teorias pedagógicas inspiradas em Vygotsky e seus divulgadores, de onde parece emergir o conceito de mediação como instrumento do desenvolvimento do leitor, assim como um tanto do pensamento de Paulo Freire no que tange ao leitor crítico e protagonista de sua formação. Também é possível identificar em suas propostas a presença da teoria dos gêneros textuais no ensino da língua, a exemplo de quando advoga a necessidade de o aluno entrar em contato com diversos e variados textos para se tornar um leitor proficiente. Menos evidente, talvez até porque filtrado e difuso por interações diversas com a cultura norte-americana e o ensino de língua estrangeira, há ainda traços do modelo de desenvolvimento pessoal do ensino de inglês (*'personal growth' model of English*; cf. Goodwyn e Findlay, 1999), em sua ênfase no individualismo e na interpretação literária como resultado do encontro pessoal entre leitor e obra, conforme se observa na relutância do professor em intervir no modo de ler dos alunos, no acolhimento e na legitimação de suas preferências e na valorização mais ou menos explícita da leitura extensiva frente à leitura intensiva. Mais recentemente, algumas propostas se apoiam na ideia de subjetividade e afetividade que, de certa forma, atualizam e ajudam a manter o paradigma em funcionamento na escola.

A partir dessas fontes, é possível dizer que o maior mérito desse paradigma é o reconhecimento do leitor como sujeito da leitura, cujas características, traduzidas em gosto e trajetória escolar, precisam ser levadas em conta no seu processo de formação. O leitor deixa de ser uma figura apagada, o receptor do texto, para ser, em muitos casos, o construtor do texto, aquele que determina ou pelo menos atualiza o sentido do texto. Esse reconhecimento do papel central do leitor no processo da leitura levou à adoção da leitura literária como princípio básico do ensino da literatura, assim como fez com que a leitura integral do texto deixasse de ser opcional para figurar como fundamental para a formação do leitor. Também faz parte de suas conquistas a legitimação da literatura infantil como literatura e não apenas instrumento pedagógico, e a incorporação das preferências de leitura do aluno ao processo escolar de formação do leitor.

Todavia, para dar conta de se concentrar sobre o leitor, o paradigma termina por operar uma série de atalhos, lacunas e limitações que acabam por fragilizá-lo enquanto paradigma de ensino de literatura. Um desses atalhos é a aliança com o paradigma histórico-nacional, dividindo a escola em dois territórios: um que é da formação do leitor, que engloba a educação infantil e os anos iniciais do ensino fundamental, e outro que é do ensino da literatura, compreendendo o ensino médio. No primeiro território, valem todos os pressupostos do novo paradigma; no segundo, valem os pressupostos do paradigma histórico-nacional. Essa divisão, apesar de arbitrária e contraditória, faz-se necessária porque o novo paradigma não consegue resolver satisfatoriamente o lugar do cânone e da tradição na formação do leitor, transferindo a questão para um momento posterior que já não seria de sua responsabilidade. A mensagem que passa é que primeiro se forma o leitor, depois ele 'naturalmente' se torna leitor da literatura canônica. Essa progressividade, que, aliás, alimenta a leitura teleológica praticada em algumas facetas do paradigma, dificilmente acontece, até porque há uma enorme lacuna entre os textos usados para a formação do leitor e os textos do cânone. O resultado é a alienação do leitor no ensino médio, que simplesmente não sabe como proceder frente às obras canônicas da literatura brasileira; nem as aulas que recebe o ajudam.

Nesse mesmo sentido, outra limitação é a recusa da literatura brasileira, aqui tomada como sinônimo do cânone brasileiro, como material de leitura entre os alunos dos anos finais do ensino fundamental em diante, o que fica ainda mais evidente quando também se observa uma aparente 'transformação' do leitor que sai dos anos iniciais em um não leitor, pelo menos no que tange às leituras escolares. Embora não se possa atribuir unicamente às práticas advogadas pelo paradigma tal recusa e transformação, é certo que a preocupação em formar o leitor, independentemente do tipo de texto que se utiliza para essa formação, conduz a uma minimização da importância do texto no processo. Com isso, a literatura não só é ilhada na leitura, como também é associada à leitura sem objetivo escolar, como mera fruição e entretenimento. Não surpreende, portanto, que os alunos que adquirem autonomia no processo de decifração e compreensão dos textos, pelo final da primeira metade do ensino fundamental, tenham dificuldade de ler textos mais densos. Também não surpreende que haja professores que acreditem que a fruição sem qualquer compromisso com a história e a herança cultural do aluno atenda plenamente à sua formação de leitor.

Na verdade, não é porque os alunos não gostem de ler literatura brasileira ou que 'tenham deixado' de ser leitores ou se interessar pela literatura, mas sim porque como não estavam sendo formados como leitores literários, não possuem a competência necessária para ler textos mais complexos, ficando entregues às facilidades que lhes oferece o mercado. É por isso que, a despeito das reclamações dos professores de que seus alunos não leem ou não gostam de ler, as tiragens das obras em série que exploram a fantasia e a imaginação continuam a ser consumidas pelos adolescentes, do mesmo jeito que antes consumiam a literatura infantil sob a orientação da escola. Em outras palavras, sem se preocupar com a formação do leitor literário, a escola pode ser facilmente dispensada na mediação com o mercado, já que os adolescentes antes crianças podem acessar a leitura de entretenimento por eles mesmos.

Por fim, centrado sobre a formação do leitor crítico e criativo (o leitor "cri-cri"), mas não o leitor literário, o novo paradigma tem como principal limitação uma perspectiva salvacionista que, nesse caso, apresenta duas faces. A primeira está claramente alinhada ao que Rosa Hessel Silveira (1998) denomina com muita propriedade de "discurso renovador da leitura na escola", ao se referir às novas orientações sobre o ensino da leitura e da formação do leitor que alimentaram tanto documentos oficiais quanto práticas de sala de aula a partir do final dos anos 1970. Trata-se de recusar as práticas escolares tradicionais de ensino da leitura por serem autoritárias em sua essência e usarem textos inadequados, porque moralistas ou pedagógicos, em favor de novas práticas nas quais o prazer da leitura se irmana ao gosto para criar o hábito de ler e, assim, cumprir o papel da escola de formar o cidadão-leitor crítico e democrático. Nessas orientações, a leitura é vista como redentora e o prazer de ler, a fruição supostamente inerente à leitura dos textos literários, é uma conquista que precisa ser preservada ou desenvolvida na escola e em outros espaços educativos. Também o professor, cuja formação é deficitária, precisa ser mais bem instrumentalizado com a adoção de práticas mediadoras e a ampliação de seu repertório como leitor, ou seja, tornando-se um exemplo e modelo para seus alunos, o professor leitor-apaixonado. Em consequência, não só esse discurso cria novos posicionamentos para o aluno e o professor, como também gera apagamentos e silêncios, a exemplo do lugar da leitura não mediada, das leituras em ambientes eletrônicos e das identidades culturais que não se encaixam na fórmula simples e simplificadora da equação "*prazer – interesse – leitura - hábito – gosto – cidadão crítico*" (Silveira, 1998: 126; itálicos da autora).

A segunda face pode ser localizada no tecnicismo que envolve a mediação da leitura na escola e em outros espaços, tal como analisado por Edmir Perrotti (1990). Para o autor, que aborda os mesmos elementos do discurso renovador da leitura de que trata Silveira, a leitura é concebida por essa perspectiva salvacionista simplesmente como uma habilidade a ser obtida sem qualquer questionamento e reflexão sobre as condições sociais e culturais do leitor, isto é, há nesse discurso e em campanhas e práticas que ele inspira uma forte dissociação entre a formação do leitor e o contexto de vida da criança e do adolescente. Daí que as questões referentes ao hábito, ao prazer e ao gosto pela leitura sejam não só fortemente enfatizadas, como também consideradas apenas uma questão de aplicação da técnica adequada de promoção da leitura. Se temos um grande número de não leitores, não seria por conta da precariedade de escolas e bibliotecas, das dificuldades econômicas dos pais, de experiências culturais diversas das crianças em relação à escrita, das distâncias entre o valor e o lugar da leitura como prática na sociedade, entre outros aspectos históricos e estruturais das condições dadas à formação do leitor no Brasil, mas tão somente porque os professores e os mediadores de leitura não receberam o devido treinamento ou não empregam as técnicas corretas de promoção, animação e mediação. O resultado de uma concepção tão estreita é que as atividades de leitura, em lugar de se inserirem no cotidiano da criança, são tratadas como algo extraordinário e adquirem um caráter artificial que as separa de suas práticas culturais.

No conjunto, se é verdade que a experiência da leitura literária não pode ser imposta e que o prazer de ler cumpre um papel relevante na formação do leitor, ou ainda que é necessário um tempo escolar destinado à fruição dos textos, nem por isso o papel da escola se resume a garantir acesso ao texto literário e o do professor ao de animar a leitura. Do mesmo modo, o amplo acesso aos textos literários desde a mais tenra idade, a necessária diversidade dos textos na formação do gosto e do hábito da leitura e a pluralidade de interpretações inerente à obra literária não devem ser confundidos com um 'vale-tudo' na seleção dos textos e na sua abordagem em sala de aula. Também o axioma de que os leitores precisam ser desafiados com obras progressivamente mais complexas para desenvolverem sua competência de leitura não deve ser traduzido em leituras teleológicas, que mal disfarçam uma visão da literatura exclusivamente como texto escrito e assinalam como ponto de chegada do leitor maduro o cânone literário.

Em síntese, as teorias e as práticas que fundamentam o paradigma da formação do leitor na escola, a despeito de incorporarem um certo pedagogismo, são relativamente efetivas quando se tem em mente a formação geral do leitor. Todavia, precisam ser criticamente ressignificadas se o objetivo do ensino escolar da literatura for compreendido não apenas como a formação do leitor, mas sim e especificamente como a formação do leitor literário.

O paradigma do letramento literário

> Os textos literários envolvem, simultaneamente, a emoção e a razão em atividade. Sua organização provoca surpresa, por fugir ao padrão característico da maioria dos textos em circulação social. E fugir ao padrão hegemônico não quer dizer negar qualquer padrão. Os padrões literários existem e devem ser também conhecidos pelo leitor. [...]. Trata-se, portanto, de uma leitura que exige habilidade e conhecimentos do mundo, de língua e de textos bem específicos de seu leitor. E no momento mesmo da leitura literária todo esse repertório vai-se modificando, sendo desestabilizado por sua pluralidade e ambiguidade. Esse seria o processo de produção de conhecimento da autêntica leitura literária.
>
> Graça Paulino, "Sobre leitura e saber, de Anne-Marie Chartier"

Acompanhando o rápido espraiamento do termo *letramento* no campo educacional brasileiro, a expressão *letramento literário* foi cunhada por Graça Paulino no final da década de 1990 para tratar de um tipo singular de letramento e sua inserção no contexto escolar. A expressão logo se expandiu graças a outros tantos textos de Paulino e de membros do Grupo de Pesquisa do Letramento Literário (GPELL) do Centro de Alfabetização, Leitura e Escrita (Ceale) da Faculdade de Educação da Universidade Federal de Minas Gerais (UFMG), que adotam a expressão em suas publicações, entre os quais estou incluído. Esse grupo, que existia desde 1994, ganhou tal denominação em 2001 e a mantém até hoje, congregando projetos de pesquisa, formação de professores e atividades acadêmico-culturais diversas, tal como o evento O Jogo do Livro, que é realizado bianualmente e se encontra, em 2019, na sua 13ª edição.

Atualmente, o letramento literário já faz parte do léxico do ensino de literatura no Brasil, encontrando livre trânsito no mundo acadêmico, como se verifica pelo número sempre crescente de dissertações, teses e documentos oficiais que empregam a expressão, e também fora dele, em jornais, revistas, blogs e outros espaços culturais. Esse uso diversificado, que, aliás, acompanha a fortuna do próprio termo letramento, torna os limites conceituais do letramento literário ora demasiadamente amplos, a ponto de se confundir com ensino de literatura ou educação literária do qual seria um mero sinônimo; ora demasiadamente estreitos, quando ele é concebido de maneira simplista como um tipo de letramento que 'usa' textos literários. Por isso é importante apresentar uma definição para a expressão. O objetivo não é valorizar, hierarquizar ou determinar um uso supostamente mais correto, mas sim, ao expor claramente essa delimitação, possibilitar a discussão com outras definições dando consistência e produtividade ao conceito.

Com esse propósito, juntamente a Graça Paulino, definimos o letramento literário como "o processo de apropriação da literatura enquanto construção literária de sentidos" (Paulino e Cosson, 2009: 67). Nessa definição, que chegamos após intensas negociações, cada palavra foi longamente discutida e pretende sintetizar os diferentes aspectos do que compreendemos por letramento literário. Em primeiro lugar, a noção de que o letramento é um processo. Embora tal noção seja absolutamente comum quando se analisam os letramentos do ponto de vista dos chamados Novos Estudos de Letramento, para nós enfatizar o caráter processual do letramento literário significa dizer que não se trata de um produto ou alguma coisa acabada e pronta, antes que é algo que se constrói ao longo do tempo, acompanhando o percurso da própria vida. Logo, o letramento literário não começa, nem termina na escola, mas pode e deve ser ampliado e aprimorado por ela. Depois, é um processo de apropriação, ou seja, um processo por meio do qual fazemos alguma coisa externa se tornar interna a nós mesmos, que nos permite tornar próprio o que é alheio. Aqui é fundamental entender que essa apropriação da literatura é similar ao aprendizado da língua materna, que faz com que a língua comum a todos seja também particular a um indivíduo. Trata-se de um processo simultaneamente social e individual, que nos insere em uma comunidade de leitores à medida que progressivamente nos constituímos como leitores. Por consequência, a literatura a ser apropriada é algo que existe coletivamente, mas é a incorporação privada dela pelo indivíduo que a torna viva. Por isso, ainda, a necessidade de que essa apropriação da literatura seja de forma literária, isto é, que não só use os artefatos comunitariamente reconhecidos como literários, mas também que o faça adotando e respeitando o modo próprio de significar dado pela literatura, um modo que se funda na relação intensa de linguagem, pela qual construímos e reconstruímos a nós e ao mundo nas palavras da experiência e com a experiência do outro.

A despeito de seu largo e bem-sucedido emprego, a expressão *letramento literário* não é exclusiva do contexto acadêmico brasileiro. Ainda que não tenha o mesmo impacto registrado entre nós, também em outros países, sobretudo de língua inglesa, *literary literacy* tem seu curso em estudos que tratam do ensino da leitura, da literatura e do inglês como língua materna e língua estrangeira. Em 1987, na Austrália, o termo é empregado por Wayne Sawyer para defender que o aprender a ler não pode ser dissociado do ler para aprender, chamando de letramento literário "a aquisição das estruturas da literatura como um ramo da leitura" (Sawyer, 1987: 33). No ano seguinte, no Canadá, Deanne Bogdan usa o termo para propor que o letramento literário seja visto como uma terceira via de ensino da literatura, na qual se efetivam tanto o engajamento com o texto, que focaliza a resposta pessoal do leitor ao texto, quanto o distanciamento do texto, que é obtido pela sua análise. Nos Estados Unidos, Mingshui Cai e Rick Traw (1997: 21) definem a expressão como "a habilidade de entender, interpretar e criticar literatura", argumentando que a função do letramento literário na escola consiste em levar o aluno a desenvolver a competência de ler literatura, respeitando a complexidade artística da construção dos sentidos.

Mais recentemente, a expressão letramento literário é usada principalmente em estudos preocupados com a renovação curricular do ensino de língua e o lugar da literatura nas muitas versões de letramento propostas para a escola. É assim, por exemplo, que Bill Green (2002, 2008) lança mão da expressão ao analisar a emergência do letramento como centro do ensino de inglês na Austrália e em outros países anglofônicos. Para o autor, nessa nova configuração, não se pode simplesmente reafirmar o ensino do cânone literário, mas sim defender dentro do espectro do letramento a presença de uma forma específica de letramento, que seria o letramento literário. Outro exemplo é uma pesquisa conduzida por Volker Frederking (2012), na qual se procura dar conta da especificidade do letramento literário no ensino secundário, compreendido como a capacidade de ler e refletir sobre textos literários. Em outro estudo, Florence Kayad (2015), tratando da formação de professores para o ensino de língua inglesa na Malásia, define letramento literário como a capacidade de ler e interagir com os textos literários, defendendo que, nesse caso, seu ensino deve ser feito pela intersecção de competência linguística, competência literária e conhecimento pedagógico. Por fim, criticando e buscando dar melhor fundamento ao conceito de letramento literário dado por outros autores em Portugal e na Turquia, Vesa Suominen e Pirjo Tuomi (2015), da Universidade de Oulu, na Finlândia, consideram o letramento literário um processo dialético entre apropriação e interpretação crítica do texto literário. Para os autores, o letramento literário é parte da educação integral e precisa ser mantido e desenvolvido na escola em sua especificidade, porque corre o risco de submergir e desaparecer nas atuais noções instrumentais de letramento e formação do leitor crítico.

Em suma, empregado predominantemente na interseção das Letras com a Educação, o letramento literário perpassa diferentes disciplinas acadêmicas, com graus variados de aplicação e aprofundamento. É buscando integrar o fundamento em comum dessas diversas vertentes do conceito com os muitos usos que se faz da expressão no ensino escolar da literatura que delinearei, neste último capítulo, o paradigma do letramento literário. Ressalvo, entretanto, que esse mapeamento é menos uma reflexão crítica sobre diferentes propostas e concepções de letramento literário e mais uma síntese da maneira como acredito que o paradigma deve se constituir no ensino escolar da literatura. Dessa forma, o texto a seguir vai oscilar entre a descrição e a proposição, uma vez que traz em primeira e última instância o meu posicionamento como pesquisador da área.

OS CONCEITOS

A concepção de literatura

Defendo que, no paradigma do letramento literário, a literatura deve ser entendida, seguindo em grande parte as posições de Itamar Even-

Zohar (1990, 2017) em sua teoria dos polissistemas e repertório, em três dimensões dinamicamente inter-relacionadas.

Uma dessa dimensões é a que se refere à materialidade da literatura, os objetos concretos ou mais simplesmente os textos que, por serem assinalados por instâncias diversas como literários, adquirem o estatuto de obra. Nesse caso, a literatura é um conjunto de obras que abarca tanto os textos dados pela tradição e identificados como clássicos e canônicos, quanto aqueles resgatados e ressignificados para essa tradição. Também é um conjunto de obras que representa, repensa e reescreve simbolicamente uma comunidade e sua herança cultural, quer esses textos tenham sido legitimados para exercer essa função, quer desafiem e recusem essa legitimidade. É ainda um conjunto de obras que, embora tenha o livro como suporte mais evidente, também se configura em outros impressos e suportes, como vídeos, filmes, produtos digitais, voz e até o corpo. Do mesmo modo, essas obras podem ter uma longa existência, conforme a durabilidade do material usado para registro, a facilidade de reprodução e a condição de bem a ser preservado e transmitido, e serem absolutamente fugazes, como a performance de um repentista numa feira popular.

Em qualquer desses casos, só metonimicamente a literatura é o conjunto de obras, porque, na verdade, a literatura está nessas obras, constituindo-se como um discurso ou ferramenta pela qual elas adquirem forma e existência. Aqui entramos já nas outras duas dimensões do conceito de literatura que são um modo específico de escrever ou, mais precisamente, de produzir as obras e um modo igualmente específico de ler ou interpretar as obras. Nessas duas dimensões, a literatura funciona como um repertório, um conjunto de itens organizados conforme são identificados como literários ou passíveis de serem literários por instâncias diversas, que vão desde instituições como academias e escolas até as editoras e o mercado, passando por consumidores em geral, leitores críticos e os próprios escritores.

No caso do modo de produzir as obras, esse conjunto é mais facilmente reconhecido quando associado a determinados recursos linguísticos ou estilísticos, embora essa associação seja, na maioria dos casos, enganadora.

Na verdade, esses recursos, por mais engenhosos e referendados pela tradição que possam ser, não são literários em si mesmos, não possuem uma qualidade intrínseca que os fazem automaticamente literários. Ao contrário, eles só adquirem essa identidade porque são usados na produção das obras, ou seja, é a obra considerada literária que faz esses recursos usados em sua construção serem tomados como literários e não a presença deles nas obras que as torna literárias.

Para o modo de ler ou interpretar as obras, o conjunto de itens que constitui o repertório pode ser produtivamente associado aos protocolos de leitura, sejam eles considerados como as estratégias mentais que conduzem a leitura (Girotto e Souza, 2010), como dispositivos inscritos no texto (Chartier, 1996), como os mecanismos de intertextualidade e hermenêutica cultural de um leitor crítico (Scholes, 1991) e, ainda, como os aparatos metodológicos dados por uma escola crítica ou corrente teórica do estudo da literatura. Em qualquer dessas alternativas, quer tomadas isoladamente ou em conjunto como etapas sequenciais em um espiral de complexidade, quer consideradas elementos intercambiáveis e dinâmicos que assumem funções diferentes a cada interação com o texto, o que não se pode perder de vista é que esse modo de ler é que institui a obra como literária.

Todavia, ao contrário de Even-Zohar (2017), para quem a literatura é uma construção histórica e precisa ser 'liberada' da ideologia que afirma seu valor estético e atemporalidade para ser analisada a partir de seu papel de sustentação da sociedade via cultura, acredito que a literatura, pela força mesma de seu caráter histórico, pela sua existência em todas as culturas humanas, independentemente da denominação recebida, deve ser concebida também como uma linguagem. Trata-se de uma linguagem que usa a própria linguagem para dar sentido ao mundo e aos sujeitos, palavras que ao se apresentarem somente como palavras criam e recriam simbolicamente a existência de cada um de nós. É esse uso muito próprio da linguagem e que faz parte da nossa condição humana que chamamos de literatura. São os vários avatares dessa linguagem que podem ser reconhecidos ao longo da história na forma de repertórios de obras e ferramentas de produção de textos e leitura. Em suma, para dizer de forma sintética, a literatura, tal como a concebemos no paradigma do letramento literário, é *uma linguagem que se apresenta como um repertório de textos e práticas de produção e interpretação, pelos quais simbolizamos nas palavras e pelas palavras a nós e o mundo que vivemos.*

Trazendo para o campo escolar, a literatura assim definida afasta o ensino da literatura das várias limitações que os outros paradigmas implícita ou explicitamente estabeleciam para o manuseio das obras literárias na escola. As constrições de ordem da tradição (o clássico, o nacional), da elaboração textual (o estético, o artístico), da identidade (o étnico-racial, o gênero, a minoria), da pedagogia (o ensino da leitura e da escrita) deixam de ser critérios previamente dados e passam a ser referências para um recorte a ser local e permanentemente atualizado, segundo as características daquela comunidade de leitores. Tal liberdade, porém, demanda maior responsabilidade do professor e da escola na condução do ensino da literatura. Sem as amarras das delimitações prévias dadas nos outros paradigmas, mas também sem ignorá-las, o professor terá que constituir com seus pares imediatos e com seus alunos, com sua comunidade de leitores no ambiente da escola o *corpus* de textos e práticas de leitura e escrita que responderão pela formação do leitor literário.

O valor da literatura

O valor da literatura no paradigma do letramento literário tem como lastro a teoria transacional de Louise Rosenblatt (2002 [1938], 1994, 2005). Nesse caso, concebemos com a autora que a leitura literária não é somente uma interação entre o leitor e o texto, mas sim uma transação em que leitor e texto se condicionam e são condicionados de maneira recíproca, sendo essa relação transacional que institui a obra literária. Para se entender o quanto é transformadora essa concepção, é importante explicitar os seus termos, conforme faz Rosenblatt.

Dessa maneira, leitor aqui não equivale a uma abstração, a uma construção teórica, a uma posição formal ou a uma certificação escolar e acadêmica, mas às pessoas reais, de carne e osso, que só são leitores no momento da leitura, isto é, o leitor não é um estatuto a ser adquirido por quem passou pela escola ou tem determinada competência. O leitor é um sujeito que no ato da leitura traz para o texto seus conhecimentos, seus sentimentos, suas emoções, suas experiências de vida. Do mesmo modo, o texto em sua materialidade, o livro que contém o romance e a coletânea de poemas, é apenas papel e tinta. Ele só passa a ser texto porque sua elaboração pressupõe a condição de ser objeto da leitura, sendo a designação de literário uma indicação do modo como deve ser lido e não uma propriedade que lhe é intrínseca, pois ele só se transforma em obra literária no momento da leitura.

Essa transação que faz surgir a obra literária é sempre pessoal, única e intransferível. Os símbolos verbais e outros de ordens diversas que constituem o texto são sempre os mesmos, mas o leitor nunca é o mesmo e essa variação não é apenas entre uma pessoa e outra pessoa, mas também no curso da vida de uma mesma pessoa e só pode ser realizada individualmente. Como bem diz a autora, "ninguém pode ler esteticamente – isto é, a experiência da evocação de – uma obra literária por nós" (Rosenblatt, 2005: 14). Essa impossibilidade se dá justamente porque se trata de uma experiência, de uma forma de sentir e vivenciar que exige a presença do sujeito no momento e no espaço de sua efetivação para se constituir. Em outras palavras, essa experiência singular de fazer emergir a obra literária pela transação entre o leitor e o texto é a experiência da literatura.

Aqui nos afastaremos da teoria transacional de Rosenblatt para reafirmar que essa experiência é essencialmente uma experiência de linguagem. Dessa forma, acredito que a singularidade dela não é derivada apenas da instabilidade do leitor, mas também do uso muito particular dessa linguagem, que é a construção simbólica do sujeito e do mundo com palavras e somente pelas palavras. Trata-se da linguagem literária, tal como pressupõe a definição de literatura anterior, de que leitor e autor lançam mão ao se instituírem e constituírem a obra literária.

O valor da literatura reside justamente nessa experiência que autores e leitores vivenciam ao manusear a linguagem literária. Por ser única, pessoal e intransferível, por ser uma experiência singular de linguagem, por ser uma construção simbólica feita somente de palavras, a experiência literária é extremamente libertária e humanizadora. Por meio dela, como já anunciava Roland Barthes em sua *Aula* (1980), podemos assumir o lugar do outro sem deixar de ser nós mesmos, rompemos com os limites do tempo e do espaço da realidade histórica a que estamos irremediavelmente presos, significamos e ressignificamos nossa vida e nosso mundo em outras tantas vidas e mundos. Em suma, pela relação intensa com a linguagem enquanto linguagem e construção simbólica do mundo e de nós mesmos, que é o fundamento da experiência literária, nos libertamos das constrições e dos ordenamentos que nos são dados socialmente e nos fazemos verdadeiramente humanos. Por ser linguagem simbólica, palavra imaginada, a literatura guarda em si todos os sonhos do homem e a experiência literária nos revela que não há sujeito ou mundo impossível de ser sonhado (Paulino e Cosson, 2009).

O objetivo do ensino da literatura

Se a literatura é uma linguagem que se configura como um repertório e seu valor reside na experiência de sua multiplicidade, quanto mais desenvolvida for a competência de manusear essa linguagem, maior será o conhecimento do repertório e mais consistente e consolidada será a experiência literária, isto é, a apropriação literária do texto literário. Desse raciocínio resulta que a promoção do letramento literário na escola deve ter como objetivo *desenvolver a competência literária do aluno*.

Para explicitar as implicações pedagógicas e literárias desse objetivo, vou decompor os termos de sua definição. Em primeiro lugar, o verbo *desenvolver*. Aqui "desenvolver" como objetivo educacional diz respeito a ampliar e aprimorar. Ampliar porque, consonante ao letramento como processo, o aluno já traz consigo alguma competência literária, logo o ponto de partida (e de chegada) é sempre o aluno e não um saber escolar previamente determinado. Além disso, considerando-se que o letramento literário antecede e continua após os anos escolares, cabe à escola oferecer ao aluno novas e múltiplas experiências literárias. Aprimorar porque, mesmo não havendo uma linha única e reta a seguir, é possível interferir de modo positivo no repertório literário do aluno, apresentando experiências literárias não apenas mais diversificadas, mas também progressivamente mais complexas, a fim de que se torne um leitor literariamente competente.

Em segundo lugar, a expressão *competência literária*. Ela foi cunhada por Jonathan Culler em um texto com a mesma denominação. Partindo de um paralelo com a competência linguística de Chomsky, o autor afirma que para ler literatura não basta saber ler, pois, diferentemente do leitor em geral, o leitor literário "tem internalizada uma gramática da literatura que lhe permite converter os enunciados linguísticos em estruturas e sentidos literários" (Culler, 1981: 25). É essa gramática, adquirida por meio de experiência e estudo de obras literárias e evidenciada mediante o (re)conhecimento das convenções instituidoras da literatura, que o autor denomina de competência literária. Na leitura de um determinado poema, por exemplo, o leitor literário deve levar em consideração as regras de significação, a coerência metafórica, a tradição poética, a unidade temática e assim por diante para dar sentido literário ao texto, isto é, para ler tal texto como um poema e sua leitura ser aceita como adequada frente às instituições da literatura. Culler também destaca que essas convenções literárias funcionam tanto para o leitor quanto para o autor, uma vez que elas se fazem presentes na leitura e na produção das obras.

Por fim, a oração *desenvolver a competência literária do aluno*. A definição de Culler repercutiu em um grande número de estudos sobre o ensino de literatura, uma boa parte deles buscando traduzir, redefinir e aplicar a competência literária ao ambiente pedagógico. Örjan Torell (2001), por exemplo, argumenta que a concepção de Culler de competência literária, como internalização e reconhecimento das convenções literárias, precisa ser ampliada para atender adequadamente às demandas da educação literária. O modelo de competência literária do autor compreende três dimensões: 'competência de performance', que se refere às convenções; 'competência constitucional', que é a capacidade humana de imitar tal como define Aristóteles; e 'competência de transferência literária', que é a interpretação literária como a capacidade do leitor de dar sentido ao texto a partir de suas experiências. No ensino da literatura, essas dimensões devem ser equilibradas na relação entre o leitor e o autor por meio do texto, sob o risco de a leitura literária não se efetivar de modo consequente.

Também partindo de uma leitura atualizada de Culler e de uma ampla base teórica, Maria Nikolajeva (2010: 147) defende que a "competência literária é um componente essencial do desenvolvimento intelectual de uma criança e deveria ser encorajada e ensinada". Nessa perspectiva, a autora propõe que o ensino da competência literária deve ser orientado para o domínio de códigos interpretativos hierarquicamente dispostos, começando pelo código proairético, que se refere ao entendimento do enredo, e indo até o código contextual, que trata dos contextos socioculturais em que os textos são elaborados e funcionam, passando por outros códigos, como o narrativo, o hermenêutico, o ontológico e o simbólico. Para Nikolajeva, esses códigos que dão substância à competência literária são importantes tanto para leitores quanto para autores e profissionais que atuam no campo literário.

Em uma pesquisa conduzida com alunos do ensino secundário nos Países Baixos, Theo Witte, Gert Rijlaarsdam e Dick Schram (2012) partem de um conceito operacional de competência literária para construir 14 indicadores de competência, envolvendo alunos e obras, e chegar a uma matriz de 6 níveis de competência literária. Esses níveis vão desde muito limitado, indicando um aluno que não consegue ler, entender e apreciar obras literárias bem simples, com a literatura funcionando apenas como entretenimento, até muito estendido, para o aluno que é capaz de ler, entender e apreciar obras literárias complexas de grande extensão, concebendo a literatura como um meio de desenvolvimento intelectual, entre outros aspectos.[1]

Outro estudo, assinado por Irene Pieper (2011) e publicado pelo Diretório de Educação e Linguagem do Conselho da Europa, descreve os vários elementos que compõem a competência literária. Partindo de um projeto maior de identificação das competências de linguagem na escola básica, o texto é uma espécie de inventário de como pode ou deve se configurar o ensino de literatura nesse nível de ensino. Dessa forma, define a competência literária como o domínio das regras da comunicação literária, incluindo atitude e motivação, e lista como seus elementos, entre outros, "delinear o jogo entre forma e conteúdo, as estruturas intertextuais, as relações interculturais e intermídias; processar/interpretar a linguagem metafórica e simbólica; identificar camadas de sentido; escrever/falar sobre um texto literário e defender uma interpretação; e participar de conversas e discussões literárias" (Pieper, 2011: 15).

Não se pode ignorar, nem negligenciar, a contribuição desses e de outros estudos que buscam aprofundar ou tornar operacional o conceito e o objetivo de desenvolver a competência literária do aluno no campo educacional. Quer como desdobramentos conceituais, quer como aplicações funcionais, eles ampliam o debate sobre a questão e possibilitam a elaboração de planos de ensino, projetos pedagógicos e currículos mais concretos e mais legíveis para professores, alunos, pais e autoridades escolares. Nos termos do paradigma do letramento literário, entretanto, deve-se ter sempre em mente que o desenvolvimento da competência literária dos alunos é uma construção pedagógica a ser proposta e executada por uma comunidade de leitores historicamente determinada, ou seja, de uma escola específica, com professor e alunos específicos e em condições específicas de letramento literário. É essa especificidade que determinará por onde começar e aonde se deseja chegar na formação do leitor literário. Dessa forma, os elementos que podem ser assinalados como itens reveladores da competência literária não devem ser vistos como o repertório da linguagem literária, nem constituem pelo conjunto um nível ideal a ser atingido, mas tão somente indicações pragmáticas que ajudam professor e alunos a conduzirem suas atividades de experiência literária de maneira permanente e sistemática.

Conteúdo ou o que se ensina quando se ensina literatura

Tal como os demais paradigmas contemporâneos, o paradigma do letramento literário toma a literatura como uma prática e não como um conteúdo a ser ensinado, conforme pregavam os paradigmas do passado. Todavia, não segue o paradigma analítico-textual, que localiza a obra literária a partir de seus elementos internos; nem o paradigma social-identitário, que aborda a obra pelo que diz sobre o mundo que representa; nem o paradigma da formação do leitor, que renuncia a ensinar a leitura literária como um modo próprio de ler. Defendendo que a leitura literária precisa ser ensinada na escola, assim como qualquer outra prática cultural relevante, esse paradigma tem como *conteúdo do ensino da literatura a linguagem literária, compreendida como um repertório de textos e práticas de ler e produzir obras literárias.*

Para tornar mais claro o que estou denominando de repertório e, sobretudo, para que não seja entendido como um conteúdo escolar a ser memorizado pelo aluno e aplicado como características a certas obras ou cobrado em provas como habilidade específica, discriminarei o repertório da linguagem literária em três grandes instâncias: texto, intertexto e contexto. Esclarecemos, ainda, que essas instâncias são dinâmicas, no sentido que se alteram espacial e temporalmente, e se constituem pelas relações que estabelecem umas com as outras, isto é, a distinção triádica aqui feita tem fins meramente didáticos, não representando abordagens isoladas, hierarquias, níveis ou fases a serem percorridos no ensino da literatura.

O *repertório como texto* tem como referência o conjunto das obras reconhecidas socialmente como literárias, porém o que faz de cada uma dessas obras um texto literário não é esse reconhecimento, por mais consagrada e legitimada que seja aquela obra, mas sim o encontro pessoal e intransferível do leitor com o texto, a transação defendida por Rosenblatt (2002), a construção do sentido literário daquela obra. Dessa forma, o material físico do texto, os elementos estilísticos presentes no texto e todos os traços que são convencionalmente rotulados de literários devem ser vistos como catalisadores do caráter estético do texto, e sua identificação e análise servem tão somente para referenciar *posteriormente* a construção de sentido feita durante a leitura. Na produção do texto literário, esses elementos catalisadores podem ser conscientemente empregados na tessitura da obra, mas o autor precisa estar ciente de que o rendimento deles depende de como são articulados no texto, tal como os demais elementos que garantem coesão e coerência textual, e que será apenas na leitura do texto como um todo que a literariedade ou a condição literária da obra será confirmada.

O *repertório como intertexto* compreende a construção do texto pela leitura de outros textos, a tessitura dos textos lidos no texto. Nesse caso, vale tanto a citação, a referência indireta e a presença implícita de um texto no texto lido, quanto as relações entre textos diversos a serem estabelecidas pelo leitor a partir de seu cabedal de leituras. Trata-se de reconhecer que não há palavra virgem ou original e que a construção do texto no momento da leitura ou da escritura é sempre perpassada pela leitura de outros tantos textos, pela história de leitura daquele leitor. Aqui é importante enfatizar que a intertextualidade só tem relevância enquanto uma operação do leitor e do autor para aprofundar e enriquecer a tessitura de sentidos da obra. Portanto, não vale a pena, nem deve ser promovido, o exercício quantificador e meramente detetivesco de caçar os intertextos de uma obra. Até porque o repertório como intertexto não é uma prática de leitura que busca revelar um conhecimento mais ou menos erudito sobre as obras literárias do passado, nem a capacidade de um leitor com amplo cabedal de leituras estabelecer relações entre textos distantes. Ao contrário, como operação a ser realizada pelo leitor, a identificação ou a construção da presença do intertexto no texto só tem funcionalidade como repertório no ensino da literatura à medida que fortalece e amplia a experiência da leitura literária.

O *repertório como contexto* se refere à leitura do texto em camadas superpostas de construção de sentido que têm como centro as relações que podem ser estabelecidas entre o texto e sua materialidade, as condições dadas para o seu processamento e sua inserção em um ambiente social e cultural determinado. Nesse sentido, o contexto não é apenas uma série de informações históricas sobre o momento de escrita da obra, nem um conjunto de dados biográficos do autor, nem as características de movimentos artísticos, nem a fortuna crítica de uma obra qualquer. Na verdade, tal como no caso do intertexto, o contexto é uma operação do leitor sobre o texto. Nessa condição, a leitura literária do contexto é aquela que reconhece o impacto da presença física do texto (o material com o qual é constituído), identifica a produtividade dos dados sobre o mundo que o texto traz consigo (as referências e as inferências), acolhe as constrições e os saberes que ajudam a dar sentido ao texto no momento de seu processamento (as convenções literárias e a constituição individual do leitor) e insere o texto em um horizonte histórico a partir do que ele permite dizer sobre o tempo e o espaço de sua produção, assim como incorpora as várias leituras que informam sua recepção ao longo do tempo.

Em síntese, na sala de aula, o ensino do repertório demanda o (re)conhecimento de elementos textuais, conceitos, convenções e procedimentos relativos ao manuseio das obras literárias. Todavia, não são esses elementos textuais, conceitos, convenções e procedimentos que constituem de fato o conteúdo ou aquilo que ensina quando se ensina literatura, mas sim o manuseio e o compartilhamento constante e sistemático dos textos literários. São o manuseio e o compartilhamento que levam ao desenvolvimento da competência de experienciar a linguagem literária enquanto linguagem literária. Daí que o repertório do paradigma do letramento literário não pode nem deve ser traduzido como um conjunto de itens ou tópicos curriculares, mas como práticas que passam necessariamente pela leitura da obra literária como texto, intertexto e contexto.

A ORGANIZAÇÃO

A metodologia

A metodologia do paradigma do letramento literário compreende um percurso entre dois polos que delimitam e organizam suas atividades pedagógicas: *o manuseio do texto literário e o compartilhamento da ex-*

periência literária pelos alunos. Dessa forma, todas as práticas de ensino associadas a esse paradigma precisam estar necessariamente contidas entre esses dois polos, ou seja, devem começar com o manuseio do texto literário e terminar com o compartilhamento da experiência desse manuseio. Em relação ao primeiro polo, adoto a palavra *manuseio* para enfatizar que não se trata apenas da leitura, mas também da produção de textos literários, embora saibamos que a leitura seja a atividade dominante, quer como prática social, quer como prática escolar. Já em relação ao segundo polo, o termo *compartilhamento* significa mais do que simplesmente dar a conhecer ou tornar disponível, pois a razão de compartilhar é a forma como se concretiza o objetivo de ampliar e aprimorar a experiência literária. Daí que manuseio e compartilhamento sejam atividades a serem realizadas pelos alunos que assim constituem uma comunidade de leitores ou, mais propriamente, uma comunidade literária. Convém esclarecer, ainda, que apesar de dispostos em ordem temporal, esses dois polos não são momentos estanques, podendo haver uma atividade em que se manuseia compartilhando e outra em que se compartilha manuseando. O que realmente conta como fundamental para o letramento literário é que haja manuseio e compartilhamento, e não a ordem ou a forma como esses dois polos são efetivados nas atividades pedagógicas.

Para tornar mais concreta a proposta da metodologia do paradigma do letramento literário, detalharei o percurso entre os polos do manuseio e do compartilhamento com base na passagem por três estações que devem funcionar como paradas obrigatórias no ensino escolar da literatura. A primeira dessas estações é *o encontro pessoal do aluno com a obra*. Esse encontro deve ser planejado e incentivado pelo professor, mas jamais substituído pela mediação docente, uma vez que ele é o componente essencial da experiência literária. O procedimento mais comum para essa prática é a leitura individual de um texto literário fora da sala de aula, seguindo orientações mais ou menos explícitas. Isso porque os alunos executam as atividades em diferentes tempos e a escola reparte o tempo em horários homogeneizados para todos. Nada impede, porém, que seja realizada simultânea e coletivamente por meio de uma página da internet. Nem que aconteça por meio de uma dinâmica de grupo no espaço da biblioteca. Nem, ainda, que seja uma atividade coletiva e em sala de aula, como, aliás, acontece na escuta da verbalização de textos literários. No caso de crianças pequenas, que ainda não dominam o código escrito, por exemplo, a leitura em voz alta do professor é indispensável, assim como nos casos em que a posse individual do texto é custosa e quando a oralização é uma estratégia selecionada conscientemente para dar acesso ao texto.

A segunda estação é *a leitura responsiva* que pode ser compreendida como a resposta dada à leitura do texto literário. Mais especificamente, trata-se do registro do encontro entre o leitor e a obra literária em um outro texto. Nesse registro, o aluno relata a transação feita com o texto que é, em última instância, a própria constituição daquele texto como literário. Ler responsivamente é, portanto, dar concretização física à leitura literária, tornando explícita e externa a experiência da literatura. Em termos escolares, a leitura responsiva acontece quando o aluno produz um texto qualquer a partir da obra lida, abarcando produções textuais orais e escritas que vão desde um fragmentado diário de leitura, em que se registram as impressões de leitura durante o processo da leitura, até gêneros tradicionais e formalmente constituídos como registros de leitura, a exemplo da resenha e do ensaio crítico, passando pelas inúmeras formas de organização da discussão em sala de aula. Nesse registro, merecem destaque as respostas que se fazem pela elaboração de outro texto literário e com recursos que vão além da escrita. No caso do novo texto literário, a resposta pode ser tanto uma estratégia de reescrita que segue e dialoga diretamente com a obra original, tal como acontece, por exemplo, na paráfrase, paródia, glosa, novo final e continuação de uma narrativa no estilo de uma *fanfiction*; quanto um novo texto que se inspira livre e implicitamente na obra lida, possibilitando, entre vários outros recursos, a mudança do modo textual, isto é, a leitura de um poema gerar uma narrativa e vice-versa, e o uso de elementos autobiográficos e autobibliográficos e demais elementos do que se designa atualmente como 'escritas de si'. Já o uso de registros que vão além da escrita traz respostas que se apropriam de outras linguagens para produzir textos multifacetados, como é o caso de vídeos, que integram música, imagem e palavra falada, e performances artísticas, que envolvem encenação, figurino e som; assim como textos de outras manifestações artísticas e outros espaços de produção textual, conforme as muitas possibilidades oferecidas pela internet.

A terceira estação é *a leitura como prática interpretativa*, que responde pela análise das obras realizada pelos alunos e conduzida pelo professor em, pelo menos, três instâncias de leitura, as mesmas que constituem o repertório da linguagem literária: texto, intertexto e contexto. Há, assim, uma instância da prática interpretativa que gira em torno da constituição do texto como materialidade linguística ou talvez se possa dizer mais propriamente retórica, quando se levam em consideração textos que também usam recursos sonoros e imagéticos, que é a instância textual. Outra instância da prática interpretativa, que se ocupa da inserção do texto no fluxo de leituras de outros tantos textos, é a instância intertextual. E a terceira instância, que trata da prática interpretativa envolvendo a leitura do texto como objeto e do mundo que ele referencia internamente e em sua produção e recepção, é a instância contextual. Essas instâncias, que podem ser subdivididas internamente, estão sempre presentes na leitura como prática interpretativa. O que nos permite distingui-las é a ênfase dada para uma delas em função da própria interpretação que se faz daquele texto, do cabedal de leituras do aluno e das relações que se estabelecem entre a obra e o mundo que ela traz consigo e o leitor lhe empresta. Por essa razão, não há uma instância mais adequada ou preferencial para o letramento literário, nem uma mais complexa do que a outra, pois a complexidade da exploração delas em sala de aula depende, obviamente, do nível de competência literária dos alunos. Daí que não podem ser negligenciadas sob o pretexto de que uma ou outra demandam conhecimentos e habilidades de leitores mais maduros em termos linguísticos ou etários. Muito menos porque o caráter analítico da prática interpretativa impediria ou diminuiria a fruição estética da obra, uma vez que a leitura literária do texto literário é determinada pelo repertório literário, ou seja, o modo de ler que é específico da literatura está intrinsecamente relacionado ao reconhecimento dessas três instâncias. Dessa forma, se o objetivo é desenvolver a competência literária do aluno, é fundamental que as aulas de literatura compreendam não apenas o encontro do leitor com a obra e a articulação de uma resposta a esse encontro, mas também a interpretação dessa obra que define e fundamenta o próprio ato de ler literariamente.

A passagem por essas três estações é obrigatória, mas a organização delas nas atividades de sala de aula não possui uma ordem fixa, embora o encontro do leitor com a obra seja a estação central em relação às estações da leitura responsiva e da leitura como prática interpretativa. Elas podem acontecer sucessivamente, com uma seguindo a outra em uma ordem progressiva de complexidade da leitura, ou quase simultaneamente, com as duas últimas estações fundidas em uma única atividade na qual se efetiva a resposta e se verifica a prática interpretativa, ou, ainda, em ordem invertida com a prática interpretativa antecedendo o registro da resposta. Também podem tomar como objeto uma única obra ou uma sequência de textos literários ou, ainda, de diferentes linguagens, para os quais é demandada a aplicação dos recursos de uma ou outra estação de leitura.

Em síntese, a melhor imagem para a proposta metodológica do paradigma do letramento literário não é a de um percurso entre dois polos com três pontos fixos, como o trajeto de um trem e suas paradas. Em seu lugar, devemos conceber como uma via espiral e inclusiva, em que as estações funcionam como pontos de interconexão de práticas de leitura, por meio das quais se promove a experiência literária e se amplia e aprimora o repertório da linguagem literária.

O papel do professor

O percurso metodológico do paradigma do letramento literário demanda um professor capaz de trabalhar com projetos, resolução de problemas, aprendizagem colaborativa e estratégias de ensino similares. Essas abordagens baseadas na interação e na ação são aquelas que melhor traduzem (e conduzem), em termos pedagógicos, os mecanismos de manuseio e compartilhamento das obras literárias na escola. Dessa maneira, *o papel primeiro do professor é essencialmente arquitetural*, no sentido de que a sua função é planejar as atividades e projetar os caminhos que serão percorridos pelos alunos, sabendo que o desenho feito é tão somente um conjunto de indicações mais ou menos precisas, pois a execução da atividade em si é função exclusiva dos alunos.

Um segundo papel a ser assumido pelo professor é o de *guia ou condutor da experiência literária*. Nessa condição, o professor é um guia porque ele mesmo já experienciou literariamente aquela obra, isto é, ele já leu literariamente a obra que propõe para a leitura de seus alunos, o que faz do professor de literatura um leitor literário por definição. Dizendo de maneira bem clara, não se pode conceber um professor de literatura que não seja ele mesmo antes um leitor literário. Todavia, como seu nível de competência literária é certamente maior do que o nível de seus alunos, a função de guia não implica demandar dos alunos uma reprodução de sua experiência de leitura daquela obra, nem analisar a obra para os alunos. Ao contrário, ser condutor da experiência literária dos alunos é oferecer o andaime, tal como na conhecida metáfora de Jerome Bruner e Vygotsky, para que o aluno possa, ele mesmo, construir sua experiência literária. Dessa maneira, o papel de condutor a ser exercido pelo professor no paradigma do letramento literário é acompanhar a leitura do aluno sem impor uma direção, mas apontando caminhos por onde o leitor pode escolher transitar dentro do texto. Em outras palavras, o professor deve atuar como uma 'presença-ausência' que, na elaboração algo poética de Ligia Chiappini Leite (1983: 113), é um papel "muito simples e, ao mesmo tempo, porque estamos professoralmente viciados, muito difícil", uma vez que "requer algo bastante sutil: uma presença meio ausente, e, no entanto, atuante: um apagar-se da figura do mestre que, muito embora, conduz o jogo, condução que se deixa conduzir".

O professor possui, ainda, um terceiro papel a cumprir no paradigma do letramento literário, que é *a constituição de uma comunidade de leitores em sala de aula*. Nesse caso, cumpre ao professor, em primeiro lugar, estabelecer condições para que os alunos compartilhem suas experiências literárias entre si, em um nível primário, e com outros leitores, no qual ele também se inclui, em níveis secundários. Depois, precisa cuidar que essa comunidade se desenvolva progressivamente, ampliando e fortalecendo a competência literária dos alunos. Por fim, deve ter a preocupação de oferecer atividades pedagógicas que favoreçam esses diferentes níveis de compartilhamento, observando a posição hierárquica entre eles, ao mesmo tempo que encetem o debate, ampliem os recursos e aprofundem o conhecimento do repertório da linguagem literária.

Decomposto nessas três funções, o papel do professor parece ser um lugar complexo e difícil de ser ocupado. Todavia, tomado em uma perspectiva pedagógica, verifica-se que se trata de funções bem conhecidas do trabalho docente, isto é, planejar e acompanhar a execução das aulas, organizar e conduzir a turma para o processo de ensino e aprendizagem. A diferença é que essas funções devem ser exercidas segundo princípios e fins determinados, ou seja, segundo os pressupostos teóricos e metodológicos do paradigma do letramento literário.

O papel do aluno

Tal como no paradigma social-identitário, o papel do aluno é ativo e colaborativo, porém, nesse caso, em relação à sua aprendizagem, ou seja, no paradigma do letramento literário, *o aluno é o principal agente do processo pedagógico*. Dele se espera que seja protagonista da sua formação, tanto por ocupar o centro da aula e realizar as atividades programadas pelo professor, quanto por incorporar as vivências formativas da escola ao seu processo individual de letramento literário.

Dessa forma, se é verdade que a formação do leitor literário passa pela escola, no sentido de que deve haver um processo de ensino formal para essa formação, ela não acontece se não forem dadas condições para a atuação do aluno na escola e se não houver empenho dele em participar e colaborar com os passos pedagógicos desse processo formativo. Isso porque a experiência literária não funciona como exercício ou tarefa que se faz para aprender alguma coisa, nem opera como conceitos a serem aplicados a situações futuras. Ao contrário, tal como a vida, ela só acontece no momento em que é efetivada, logo não pode ser simulada, nem exercitada em abstrato. Disso resulta que se o aluno se recusar a atuar ativamente ou encontra barreiras sociais, culturais e cognitivas para sua atuação, a formação de leitor literário, que é em grande parte autoformação, simplesmente não se efetivará.

Também é papel do aluno a atuação coletiva na forma de uma comunidade de leitores que é a sala de aula. Aqui se acentua o caráter colaborativo da atuação do aluno, uma vez que a apropriação do repertório literário na escola se efetiva no manuseio das obras e no compartilhamento das experiências de leitura com seus pares e por seus pares. Esse trabalho comum e coletivo – lembramos que o ato de ler pode até ser fisicamente solitário, mas a interpretação é necessariamente solidária – ensina ao leitor que ele nunca lê sozinho a obra literária e que a sua comunidade imediata de leitores se insere, progressiva e extensivamente, em outras tantas comunidades que dão forma, em última instância, aos vários sistemas do polissistema literário.

O papel da escola

O papel da escola no paradigma do letramento literário consiste em *garantir um espaço próprio e condições adequadas para o ensino da literatura.* Tal garantia é necessária porque, por um lado, compreende-se que é da escola, e não de outras organizações ou instituições, a responsabilidade da educação formal das crianças e dos adolescentes em nossa sociedade. Nessa condição, a educação deve ser entendida como a formação integral da pessoa humana que se efetiva dupla e simultaneamente pela socialização e pelo desenvolvimento de suas potencialidades. A educação formal, por sua vez, é a tradução de princípios, fundamentos e procedimentos dessa formação integral em currículos, propostas e projetos pedagógicos. É assim que a escola distribui o tempo, organiza o espaço, elabora situações para o desenvolvimento de competências e ensina sistematicamente saberes considerados relevantes para a vida em comum, ao mesmo tempo que funciona como um ambiente de crescimento e aperfeiçoamento individual e coletivo.

Por outro lado, porque se defende que a literatura cumpre uma função importante na constituição da pessoa humana. Sendo um modo singular de experienciar a linguagem, uma forma própria de construção de sentidos, a literatura estimula o desenvolvimento de nosso corpo simbólico que, diferentemente do corpo físico, não se desenvolve em um ciclo orgânico, antes se renova e se expande ilimitadamente com as palavras com que o alimentamos. Sem a experiência da literatura, "perdemos parte da materialidade do mundo porque não temos como traduzi-lo em palavras", assim como "perdemos também a nós mesmos, pois nos faltarão as palavras que nos constituem e dão sentido ao que vivemos" (Paulino e Cosson, 2014: 103-4).

Dessa forma, a literatura, sendo fundamental para a construção simbólica do mundo e da pessoa humana pela linguagem, deve participar do processo de formação integral que foi confiado à escola, ocupando um lugar próprio na formalização dos saberes e competências da educação escolar.

O lugar disciplinar da literatura

O lugar próprio reivindicado para a literatura não requer necessariamente um espaço disciplinar exclusivo, pois o que se demanda é o reconhecimento da especificidade do letramento literário enquanto modo de ensinar literatura na escola. Tanto é assim que para este paradigma *é irrelevante a existência de um componente curricular em separado denominado Literatura ou de um campo associado ao componente Língua Portuguesa.* O que realmente importa é que seja promovida a apropriação literária da literatura, isto é, o letramento literário como um modo específico de identificar, ler e produzir textos literários na escola.

Nesse sentido, é importante distinguir os usos diversos que podem ser dados aos textos literários no processo pedagógico da leitura literária desses textos. Há, assim, o emprego do texto literário como uma fonte, um conteúdo, um veículo mais ou menos eficiente, por conta de sua carga emocional ou delineamento retórico, para resolver uma situação didática do ensino de língua, história, matemática ou qualquer outro saber disciplinarizado. No segundo, o que se busca é proporcionar a experiência literária. Nos dois casos, o texto pode ser o mesmo, o que muda é a maneira específica como levamos o aluno a se relacionar com ele, isto é, como extração em uma leitura eferente ou transação em uma leitura estética, para usar a terminologia de Rosenblatt.

Também não se pode esquecer que a formação do leitor literário não é a mesma do leitor em geral ou de outros domínios, até porque formar o leitor no sentido de dar acesso ao mundo da escrita e a outros processos de significação é papel geral da escola como instituição social e não apenas de um determinado saber ou competência. Além disso, como ensina Magda Soares (2005), ler é verbo transitivo, ou seja, toda leitura é situada em relação a seu objeto e necessidade. Dessa forma, embora coincidente com a formação do leitor no que diz respeito ao domínio do código escrito, a formação do leitor literário demanda outros e diversos procedimentos a serem observados na escola.

Nem se pode aceitar o argumento usual de que o ensino da literatura demanda pré-requisitos ou certa maturidade do aluno. Afinal, a despeito da importância de sua formalização na escola, o letramento literário é um processo que antecede a ida da criança à escola e continua após se encerrar o ciclo de educação formal do adulto. Na verdade, é um processo contínuo que acompanha a própria vida, pois a cada nova experiência literária, o repertório da linguagem literária se abre e se modifica e assim segue indefinidamente.

Finalmente, reconhecida a especificidade da formação literária, não há necessidade de se fazer distinções disciplinares entre os diversos níveis de ensino, porque o letramento literário se aplica indistintamente a todos eles em uma progressão sistemática durante todo o ensino básico. É assim, por exemplo, que o objetivo de desenvolver a competência literária não se altera durante o percurso escolar, mas sim o nível de complexidade dessa competência. Do mesmo modo, o conteúdo e a metodologia seguem indistintamente os princípios estabelecidos do início ao fim da vida escolar, modificando-se apenas naquilo que precisam para atender às idiossincrasias de uma determinada comunidade escolar e assim por diante com os demais aspectos constituidores do letramento literário.

O COTIDIANO DO ENSINO DA LITERATURA

A seleção de textos

No paradigma do letramento literário, não há um conjunto de textos previamente selecionados para o ensino. O professor goza de ampla liberdade para escolher os textos que utilizará para cumprir o objetivo de desenvolver a competência literária de seus alunos. A inexistência de um *corpus* prévio não significa, entretanto, que a escolha pode ser feita de maneira aleatória. Tal como nos demais paradigmas contemporâneos, há princípios e diretrizes a serem seguidos.

A orientação maior para a seleção dos textos é que sejam significativos para a experiência literária tanto do aluno, em termos individuais, quanto da turma, constituindo no diálogo entre um nível e outro a comunidade de leitores. Nesse sentido, uma obra de alto valor estético ou historicamente consagrada, por exemplo, pode não ser significativa para aquela comunidade de leitores, enquanto uma obra considerada menor ou até deslegitimada como produto da indústria cultural pode responder com eficiência às demandas temáticas (e imediatas) dos alunos, e vice-versa. Não se trata aqui de ignorar ou fazer tábula rasa das diferenças de qualidade estética entre os diversos sistemas literários. Uma obra do sistema canônico, que já passou e resistiu a diversas recepções ao longo do tempo, certamente, até pelo que já acumulou em termos de intepretações, tem muito mais a dizer em termos literários do que uma série de aventuras com atualização de personagens mitológicos. Nem de se fazer apologia do suposto gosto dos alunos, no sentido de que a escola deve subscrever as indicações do mercado como aquelas que melhor atendem às expectativas dos leitores. Nem de aceitar o argumento de que as obras indicadas para a leitura escolar devem mesmo ser complexas e canônicas, sendo mais importante a manutenção da herança cultural do que as dificuldades de legibilidade e recusa dos alunos. Muito menos de advogar uma acomodação entre as indicações do mercado e as indicações da escola, fazendo das primeiras um trampolim para as segundas, em uma barganha eticamente duvidosa entre a concessão ao gosto do aluno e a imposição da matéria escolar. Ao contrário, trata-se de atender às especificidades daqueles alunos e daquela escola que, como comunidade de leitores, podem não ter competência suficiente para ler determinadas obras, precisam ser mais bem preparados para manusear determinados textos ou devem ser desafiados a aprofundar determinados procedimentos interpretativos. É por essa razão que os textos devem ser selecionados conforme sejam significativos, isto é, atendam às especificidades e à necessidade de experiência literária daquela comunidade de leitores, independentemente das posições que eles como obras ocupem nos vários sistemas do polissistema literário.

Outra diretriz importante é que os textos selecionados sejam plurais e diversos. O que se busca na pluralidade é que os alunos entrem em contato com vários e diferenciados tipos de obras, a fim de ampliar e diversificar o repertório de textos e práticas literárias. Por essa razão, a seleção não pode ficar presa aos gêneros tradicionalmente relacionados ao campo literário, sejam eles os arquitextos lírico, épico e dramático; sejam as formas fixas, a exemplo do soneto, para a poesia, e do conto, para a narrativa. Para serem verdadeiramente plurais e diversos, os textos devem ser buscados em todos os sistemas do polissistema literário e até mesmo fora dele, desde que possibilitem a desejada ampliação e diversificação do repertório daquela comunidade de leitores. Igualmente é importante assinalar que o critério da pluralidade não se refere apenas a um número mais ou menos expressivo de textos, mas também que sejam diferentes entre si e em relação àqueles textos que os alunos já conhecem. Do mesmo modo, a diversidade não deve ser restrita só aos aspectos formais e estilísticos do texto, mas abarcar também diferentes temáticas. É assim que os textos selecionados podem ser efetivamente considerados plurais e diversos.

Por fim, mas não menos relevante, a seleção dos textos deve contemplar obras de diferentes níveis de complexidade, observando como se constituem em termos de elaboração textual e de relações intertextuais e contextuais. Tal exigência se deve ao objetivo de aprimoramento do repertório, uma vez que os diferentes graus de complexidade possibilitam que o professor estabeleça uma progressão para a competência literária dos alunos. Aqui é importante destacar que o grau de complexidade da obra é determinado não apenas pela sua constituição textual, mas também pela forma como é manuseada e, sobretudo, pela competência literária daquela comunidade de leitores. Desse modo, uma obra textualmente complexa pode ser lida de maneira superficial e simplificadora, enquanto uma obra menos elaborada ou até mesmo estereotipada pode render discussões intensas entre leitores mais competentes literariamente. Naturalmente, o alinhamento da elaboração textual com leitores competentes tende a ser mais profícuo para a experiência literária, mas nada impede que tal alinhamento seja subvertido de uma forma ou de outra. Também a progressão não se constitui em uma linha reta entre dois pontos fixos, antes funciona mais como uma dança, em que a evolução é alcançada por meio de idas e voltas. Daí a necessidade de que os textos selecionados não apontem apenas para frente em termos de complexidade, mas também para os lados e eventualmente até para trás como estratégia de validação e manutenção do nível de competência que já foi conquistado.

O material de ensino

Seguindo a concepção de literatura, o material de ensino é multifacetado e diverso. A rigor não há, propriamente, um material de ensino específico, mas sim objetos textuais variados que são ajustados de alguma maneira às atividades pedagógicas do letramento literário.

Esses objetos não são apenas livros, nem precisam ser impressos. Eles podem ser um filme ganhador de prêmios e um vídeo caseiro na internet; um outdoor em uma avenida e uma canção que toca no rádio; uma série televisiva e os vitrais de uma igreja; uma carta manuscrita trocada entre os avós e uma mensagem em forma de slide encaminhada digitalmente; uma notícia do jornal e uma memória de infância publicada em um blog; uma performance artística em um museu e as rimas do vendedor da feira de mangaio. Toda essa miríade de formas e suportes textuais vale como material de ensino nas aulas de literatura pelo elo que cada um deles mantém ou pode vir a manter com a linguagem literária.

Esse elo pode levar esses textos a assumir uma posição secundária ou suplementar em relação ao texto literário, tal como acontece com as relações temáticas ou formais que são estabelecidas didaticamente entre um texto qualquer e uma obra literária. É o que se observa, por exemplo, com os textos usados para motivar o aluno, preparando para a leitura ou a produção de um texto literário, ou cuja leitura ilumina uma passagem ou imagem presente em um texto literário, ou, ainda, que reforça uma interpretação, fornecendo detalhes e ilustrando a leitura literária.

Ele também pode levar esses textos a assumirem a condição de obras literárias eles mesmos. Trata-se, na maioria das vezes, de uma apropriação literária no sentido de que esses textos passam a ser lidos como literários, a despeito de seu estatuto primeiro em outros domínios e das funções para as quais foram inicialmente produzidos, ou seja, a despeito de não terem sido produzidos como literários, eles adquirem esse estatuto por força da recepção literária que lhe é dada na comunidade de leitores. Nesses casos, é importante que essa recepção respeite a integridade do texto, sem submetê-lo a uma relação hierárquica com outro texto ou forma literária legitimada. Tome-se, como exemplo, a canção popular que não deve ser lida apenas como letra, mas como uma composição que envolve letra rimada, melodia e execução (a performance dos artistas que cantam e tocam a canção), sob o risco de se ter um simulacro empobrecido de poema lírico e não propriamente a canção como objeto da leitura literária.

As atividades de sala de aula

Em obras anteriores, apresentei uma série de atividades didáticas, que preferimos denominar de práticas para enfatizar o caráter de experiências concretas de leitura e produção de textos, como propostas para a efetivação do letramento literário em sala de aula. No livro *Letramento literário: teoria e prática* (Cosson, 2006), delineei duas sequências, uma básica e outra expandida, por meio das quais poderiam ser conduzidas as aulas de literatura na escola. A sequência básica é composta de quatro etapas: motivação, que é o momento em que se prepara e estimula o aluno para a leitura do texto literário; introdução, quando o texto é apresentado aos leitores; leitura, que é a leitura acompanhada do texto; e interpretação, que compreende a construção do sentido do texto pelo encontro pessoal do leitor com a obra e registro dessa construção em um outro texto. A sequência expandida, por sua vez, abarca as etapas da sequência básica e acrescenta mais duas: a contextualização e a expansão. Para a sequência expandida, a etapa da leitura é dividida em dois momentos denominados, respectivamente, de primeira e segunda interpretação; é entre essas duas interpretações que se localizam as contextualizações, contemplando várias possibilidades de localização do texto no campo dos estudos literários. A expansão, que é o momento de estabelecer relações intertextuais entre o texto lido e outras obras, consiste na etapa final da sequência expandida.

No livro *Círculos de leitura e letramento literário* (Cosson, 2014), por sua vez, outras tantas práticas didáticas envolvendo textos literários são apresentadas, como leitura do silêncio, conforme o exemplo da leitura silenciosa sustentável e leitura meditativa; leitura da voz, como acontece na hora do conto e na sacola de leitura; leitura da memória, ilustrada pelos coros falados e jograis; e leitura da interação, exemplificada pelo *fanfiction*, os jogos de personificação (RPG) e o seminário socrático, entre outras possibilidades. Como prática principal, indico o círculo de leitura que, em sua versão escolar, consiste na leitura e na discussão de uma obra literária por um grupo de quatro a cinco alunos, seguindo a orientação do professor quanto aos papéis a serem desempenhados durante a discussão pelos membros do grupo. O destaque dado ao círculo de leitura se deve aos muitos benefícios que essa atividade didática proporciona tanto à formação do leitor literário quanto à educação integral do aluno. Por meio de um círculo de leitura, os alunos aprendem uns com os outros em discussões que giram em torno de um texto literário e ampliam coletivamente sua competência literária ao construir interpretações compartilhadas. Um círculo de leitura também leva o aluno a desenvolver o raciocínio, a argumentar com base em evidências e a usar a escrita para registrar e sintetizar o resultado das discussões. Além disso, em um círculo de leitura, o aluno assume maior responsabilidade pela sua aprendizagem e aprende a resolver conflitos pelo diálogo, ouvindo e respeitando a voz do outro que lhe é igual. É por essas e outras qualidades formativas que defendemos que o círculo de leitura deveria ser uma atividade central em qualquer proposta de letramento literário na escola.

Embora preferenciais e bastante efetivos, como mostram os muitos estudos que relatam sua adoção nas mais diversas salas de aula, não é apenas por meio das sequências básica e expandida e do círculo de leitura que se sustenta pedagogicamente o letramento literário. Outras práticas de sala de aula são igualmente consistentes com os pressupostos teóricos e metodológicos do paradigma do letramento literário. Para exemplificar, vou apresentar duas outras propostas de atividades didáticas.

A primeira delas é a leitura cumulativa. Trata-se de uma prática de leitura extensiva que pode ser realizada por um aluno individualmente, por um grupo de alunos ou pela turma inteira. Ela consiste na leitura sucessiva ou em cadeia de uma coletânea de quatro a oito textos (quanto maior o número de alunos lendo a mesma coletânea, menor o número de textos da coletânea), com retorno ao primeiro texto a cada leitura do texto seguinte. Desde o primeiro texto, as leituras devem ser registradas pelo aluno em um texto de cunho ensaístico, sendo que a diretriz para o registro não é de meras impressões pessoais, mas sim a tradução em palavras escritas do sentido do texto para o aluno, cuidando para que esse registro revele uma interpretação, um diálogo com o texto, e não um resumo ou reprodução parafrásica, como se respondesse implicitamente à pergunta: o que este texto diz para mim?

A coletânea deve ser construída com textos intertextualmente relacionados entre si, independentemente do estatuto literário e da condição genérica. Aliás, quanto mais plural e diversificada for a coletânea, mais produtivas serão as leituras do aluno porque cada uma delas demandará um esforço maior para estabelecer laços entre os textos.[2] Dessa forma, no primeiro registro, o aluno tem apenas o seu cabedal de leituras anteriores para dizer o sentido do texto. No segundo, terá que incorporar ao sentido do texto inicial o sentido do segundo texto, como se agora a pergunta fosse: o que a leitura desse segundo texto altera ou reforça o que o primeiro texto disse para mim? No terceiro registro, o sentido do segundo e do terceiro texto e assim sucessivamente, em um processo cumulativo de leituras. Alternativamente, o retorno ao texto inicial pode ser feito a cada duas outras leituras ou apenas no final da coletânea, se esta for composta pelo número mínimo de textos. O importante é que o texto inicial funcione como uma espécie de parâmetro ou guia para a leitura dos textos seguintes.

A base da organização da coletânea é intertextual, mas o fundamento da prática não é explorar essa relação de diálogo entre os textos e sim fazer desses textos intertextualmente relacionados um contexto para que o aluno aprofunde de maneira progressiva a sua leitura do texto inicial, isto é, um acúmulo de leituras em torno de um mesmo texto que compele o leitor a ir além da superfície na sua interpretação. Em outras palavras, a ideia é que os vários textos da coletânea terminam por interferir na leitura do texto inicial, criando um contexto que pode confirmar ou não a leitura inicial, mas que certamente não deixará de enriquecê-la. O registro final, que revela o resultado do acúmulo das leituras, deve ser apresentado a todos os alunos se as leituras foram feitas em grupo ou individualmente. Nesse caso, tanto pode ser lido em uma roda de leitura quanto organizado como um ensaio para publicação em obra coletiva da turma.

A segunda prática é a leitura compartilhada que funciona aos moldes de uma oficina de leitura e produção de texto. Ela começa com a leitura prévia de um conjunto de três ou quatro textos intertextual ou contextualmente relacionados entre si. As leituras devem ser feitas individualmente e de preferência fora da sala de aula, com um intervalo de uma ou duas aulas entre os textos que devem ser entregues aos alunos um de cada vez. Na leitura de cada texto, o aluno deve anotar livremente as suas impressões de leitura, sem a preocupação de constituir um texto formal, antes tomar notas diversas sem um ordenamento lógico ou causal. Esses textos devem ser de natureza bem diversa, como um poema e um vídeo, um texto publicitário e um trecho de um romance ou um microconto, entre outras tantas possibilidades.[3] Quando se encerrar esse ciclo inicial de leitura, será iniciada a oficina em sala de aula.

Para iniciar a prática, os alunos devem ser divididos em grupos de quatro ou cinco e a sala organizada em dois espaços: um para os grupos e outro para a plenária dos grupos. A atividade começa na plenária com o professor apresentando, formal e brevemente, o autor e outros dados que considere relevantes sobre o texto 1 que passa a ser ordenado na ordem inversa da leitura feita fora da sala de aula, ou seja, o último texto passa a ser o texto 1 e assim sucessivamente. Tal estratégia é importante porque como os alunos já leram os três textos a inversão acentuará a percepção dos laços intertextuais ou contextuais.

Em seguida, os grupos são formados e o professor orienta que compartilhem as impressões que anotaram sobre os textos durante a leitura individual. Em um segundo momento, é distribuída para os grupos uma pergunta de caráter inferencial ou crítico sobre o texto 1. Para cada grupo deverá ser feita uma pergunta diferente. A resposta da pergunta, que é uma forma de interpretar o texto, deve ser construída pelo grupo com o suporte das impressões que anotaram sobre aquele texto. É importante também que no grupo seja designado um relator para apresentar não só a resposta na plenária, mas também como o grupo chegou a essa resposta. Dado o tempo para o grupo discutir e responder à pergunta por escrito, todos se reúnem na plenária para compartilhar a leitura que cada grupo fez do texto a partir da pergunta. Durante as apresentações, o professor e os colegas podem questionar o relator, requerendo detalhes e até desafiando a leitura feita, mas os membros do grupo não devem se pronunciar, apenas o relator. Ao final das apresentações, o professor faz uma síntese das leituras dos grupos, acrescentando, se julgar necessário, aspectos não contemplados para que resulte em um texto coerente.

Para a próxima rodada, o relator deve ir para outro grupo e um novo relator deve ser eleito para exercer a função. Esse procedimento gera um rodízio entre os membros dos grupos, fazendo circular as impressões da leitura individual, ao mesmo tempo que dá a todos, ou pelo menos a um bom número de alunos, a oportunidade de serem relatores. O mesmo procedimento de discussão e compartilhamento em plenária deve ser feito para os textos 2, 3 e 4, se for o caso. Essas rodadas podem ser feitas em um único dia, caso o professor disponha de um período inteiro do dia somente para suas aulas, ou em aulas sequenciais, se dispuser de apenas uma ou duas horas de aula. No caso do último texto, em lugar da síntese realizada pelo professor, são os alunos que devem produzir um texto escrito com essa síntese, incluindo ou não aspectos observados nos outros textos.

Outras tantas práticas poderiam ser relacionadas e descritas como pertinentes para o letramento literário na escola. O professor pode, ele mesmo, desenvolver e adaptar atividades diversas seguindo, por um lado, os princípios do paradigma e, por outro, observando as especificidades e necessidades de seus alunos e de sua escola. Para tanto, basta não esquecer que a melhor maneira de desenvolver a competência literária é criar situações em que o aluno tenha oportunidade de interagir com o objeto que se quer que ele transacione: o texto literário.

A avaliação

Recusando os padrões tradicionais de avaliação escolar, o paradigma do letramento literário busca avaliar a competência literária do aluno, mais especificamente os níveis de competência literária dos membros individuais e daquela comunidade de leitores como um corpo coletivo. Não há mecanismos ou instrumentos que sejam especialmente desenhados para medir pedagogicamente esses níveis. Todavia, há procedimentos que orientam de forma mais segura e consistente com o letramento literário os mecanismos e os instrumentos da avaliação.

Um desses procedimentos é o estabelecimento explícito do nível de competência literária a ser buscado e medido não só pelo professor, mas também pelo aluno individual e coletivamente, possibilitando que avaliação e autoavaliação caminhem juntas na relação do professor com os alunos e dos alunos com seus pares. A forma mais usual adotada para esse procedimento é o contrato de avaliação, um acordo coletivo que varia em seu grau de formalização, conforme os anos e os níveis de ensino, e que tem um forte impacto positivo no papel ativo e comprometido do aluno com sua aprendizagem, o que é essencial para o letramento literário.

Para se estabelecer o nível de competência a ser atingido, o ponto de chegada, é fundamental que seja determinado previamente o ponto de partida que, nesse caso, pode ser traduzido como o perfil de leitor do aluno e da sua comunidade. As formas de se traçar um perfil de leitor são variadas, a exemplo de questionários, entrevistas, grupos focais, testes e listas de obras lidas, para mencionar aquelas consideradas mais objetivas e imediatas, ao lado de jogos e dinâmicas, que podem ser consideradas menos precisas, mas que possuem a vantagem de envolver o leitor diretamente no processo. Uma forma menos comum, mas que tem ganhado bastante espaço no campo educacional, e talvez até seja mais consistente com o letramento literário, desde que não se restrinja ao objeto livro, é a memória do leitor ou memorial da leitura, um relato autobiográfico sobre o percurso do aluno na construção de seu repertório literário. Uma das vantagens desse relato é a carga emocional que envolve, levando mais facilmente ao reconhecimento das experiências literárias e, por meio delas, ao que realmente passou a fazer parte do repertório do aluno. A desvantagem é que se trata da leitura de várias narrativas, requerendo o estabelecimento de categorias internas para que seja delineado um perfil de leitor mais ou menos preciso, ou seja, demanda procedimentos de pesquisa e uma carga de trabalho bem maior do que os instrumentos escolares tradicionais.

Para medir a competência literária, o professor pode tanto verificar o processo quanto requerer produtos específicos, sendo a realização dos dois procedimentos o mais pertinente quando se trata de letramento literário. No caso do processo, são as atividades de sala de aula que orientam o diagnóstico contínuo do progresso do aluno em direção ao objetivo estabelecido. Aqui a avaliação pode ser feita através da observação da execução das atividades, do registro que ocorre durante as atividades e em breves momentos de reflexão no interior das atividades como parte da progressão delas, ou seja, a cada etapa se verifica se o passo já dado funcionou e possibilita que se continue o percurso. O uso com maior ou menor ênfase de cada uma dessas estratégias depende, obviamente, da atividade a ser realizada, mas, em todas elas, é possível e desejável que o aluno participe ativamente do processo reconhecendo o seu caráter avaliativo e autoavaliativo.

No caso dos produtos específicos, trata-se de demandar do aluno, em lugar de testes, questionários e fichas de leitura, a apresentação de um produto que seja resultado de uma leitura ou sequência de leituras, ao final de uma atividade ou período que pode ser bimestral, semestral ou anual. Esse produto pode ser o resultado final de um projeto individual e coletivo, a exemplo de um vídeo postado na página da escola ou uma feira literária, assim como um ensaio para ser publicado em uma coletânea da turma ou uma performance a ser executada em um dia comemorativo na escola. Também pode assumir a forma de um diário de leitura, no qual se registram as impressões pessoais sobre os textos lidos e produzidos em sala de aula, ou de um portfólio, por meio do qual o aluno seleciona e compõe um conjunto de textos considerados representativos de sua evolução como leitor literário.

Em qualquer dos casos, como argumentam António Carvalho da Silva e Carolina Pereira da Costa (2016) no que diz respeito à avaliação da leitura literária, o critério básico para determinar o nível de competência literária em um processo ou por meio de um produto não deve ser a busca da leitura correta do texto, mas como o leitor insere esse texto em seu repertório, relacionando-o com sua experiência de vida. É esse envolvimento que possibilita ao professor "aferir a qualidade da transação dos leitores com o texto (demonstração de discernimento, sensibilidade e capacidade para inferir sentidos não literais, estabelecimento de relações entre o texto e outros textos, capacidade para questionar e resistir ao texto, etc.)" (Silva e Costa, 2016: 314).

A crítica

Como está expresso em sua própria denominação, o paradigma do letramento literário não pode ser dissociado da emergência do letramento como objetivo educacional que passa do ensino da escrita para os domínios tecnológico (letramento digital) e cultural (letramento informacional etc.). Trata-se de um movimento que não só pluraliza e amplia, mas também modifica o significado nuclear do letramento como aprendizagem da leitura e da escrita para aprendizagem de uma linguagem e competência em um determinado campo de conhecimento. É a partir dessa passagem que esse novo paradigma, assumindo ou não a denominação explícita de letramento literário, pode ser localizado em diversas propostas que buscam reposicionar e manter o ensino da literatura na escola.

Em geral, essas propostas combinam pressupostos teóricos e metodológicos que defendem o protagonismo do leitor na relação com o texto literário e do aluno como agente do processo pedagógico. Também defendem a importância do ensino da literatura não pelo papel de auxiliar estético da aprendizagem da língua escrita ou de comportamentos socialmente desejáveis, nem como expressão cultural de ordem nacional, identitária ou estética, mas pela contribuição singular que oferece à formação integral da pessoa humana. Dessa maneira, o paradigma do letramento literário é uma abordagem holística que se alimenta de contribuições diversificadas, advindas tanto de correntes literárias quanto educacionais contemporâneas, que vão da crítica e da pesquisa cultural à literatura infantil como um campo autônomo nos estudos literários, do construtivismo à aprendizagem social, passando pela aprendizagem colaborativa, ativa, intercultural e contextual.

Talvez por esse caráter compósito, que demanda leituras em áreas paralelas, porém distintas, o letramento literário tende a ser percebido e adotado na escola mais como suporte metodológico, pela sistematização que oferece para atividades em sala de aula com o texto literário, do que propriamente como um paradigma de ensino. Dessa forma, é muito mais comum do que deveria ser a apropriação da abordagem metodológica do letramento literário sem a incorporação de seus pressupostos teóricos quanto à concepção de literatura, ao objetivo do ensino da literatura e à formação do leitor literário. Por força desse emprego excessivamente pragmático, a revolução paradigmática do letramento literário termina por não acontecer ou sofre um processo de acomodação com outros paradigmas que lhe rouba o potencial transformador no ensino escolar da literatura.

Há também que se considerar que vários aspectos do paradigma do letramento literário não são de fácil incorporação ao ensino da literatura na escola. Tome-se como exemplo o conteúdo do ensino como linguagem literária. Primeiro, mesmo que essa linguagem tenha sido detalhada como um repertório composto por texto, contexto e intertexto, ela ainda parece muito genérica para se constituir em itens curriculares discriminados por anos e níveis progressivamente distintos. Depois, a ideia mesma de linguagem literária tem uma longa história de formalismo e essencialismo que interfere negativamente na seleção e no tratamento dos textos literários. Essa percepção arraigada da linguagem literária em um plano formal e autônomo dificulta sua compreensão em termos culturais e não apenas linguísticos, por um lado, e, por outro, abre espaço para a reafirmação do cânone sem passar pelo questionamento de sua constituição e manutenção na escola. De tal forma que se modificam as práticas, mas se mantêm intocados os textos considerados literários e as classificações hierárquicas sustentadas pelo ensino de literatura de outros paradigmas. Por fim, demanda do professor uma formação acadêmica mais aprimorada para traduzir, em planos de ensino e atividades de sala de aula, a linguagem literária como repertório de textos e práticas de leitura e produção. Essa operação pedagógica demanda um conhecimento do campo literário que vai muito além de noções de teoria da literatura e da periodização nacional tradicionalmente oferecidas nos cursos de Letras.

Além disso, apesar dos inúmeros relatos de experiências bem-sucedidas com as estratégias de ensino de letramento literário, a metodologia defendida pelo novo paradigma não deixa de enfrentar dificuldades de implantação no ambiente escolar. Em primeiro lugar, ela se contrapõe a uma concepção de aula em que o professor e o livro didático ocupam o centro do processo pedagógico. Sem a explanação do professor e sem o suporte do livro didático, a aula simplesmente não tem 'cara' de aula. Em vários casos, a família, o corpo pedagógico, o professor e até o próprio aluno não só demandam essa aula tradicional, como também tendem a não reconhecer como relevantes as atividades de leitura literária e produção de textos em que os alunos encaminham eles mesmos a aprendizagem. Para a comunidade escolar em geral, essas atividades funcionam como uma espécie de interregno que alivia o peso do estudo mais sério e permitem que os alunos 'respirem' entre explicações conceituais, memorizações, exercícios repetitivos e demais (enfadonhas?) tarefas disciplinares. Nos melhores casos (e nos piores), elas são vistas como uma distração desnecessária ou, mais simplesmente, uma perda do tempo precioso da escola, que deveria ser ocupado com o ensino de saberes formais, úteis e pragmáticos.

Associada a esse formato tradicional da aula, está a construção escolar do papel passivo do aluno, como aquele que deve receber tudo já previamente determinado e apenas cumprir de forma mecânica o que lhe é demandado, seja a antiquada cópia das anotações do quadro-negro que dão sustentação à explanação do professor (ultimamente substituída pela moderna apresentação de transparências via projetor de diapositivos que é posteriormente enviada ao correio eletrônico dos alunos), seja o preenchimento dos espaços em branco dos livros didáticos. Por conta dessa passividade programada, o aluno, sobretudo aquele com maior tempo de escolaridade, tende a encarar o manuseio de textos e o compartilhamento de leituras do paradigma do letramento literário como atividades que demandam um esforço extra e, em alguns casos, até excessivo de aprendizagem. Há até mesmo situações em que a família e os alunos consideram que o professor está transferindo para os estudantes uma boa parte de seu trabalho, isto é, 'faz' os alunos trabalharem em lugar de ele mesmo assumir a sua função e responsabilidade de 'dar' aula.

Por fim, há uma mudança de comportamento dos alunos em sala de aula que a escola nem sempre consegue entender e lidar adequadamente. Em geral, as atividades do paradigma demandam uma participação ativa de todos os alunos ao mesmo tempo, gerando agitação e barulho que pouco condizem com o silêncio e a quietude esperados de ambientes formais de ensino. Como os alunos se movimentam com frequência e são constantemente instados a compartilhar suas leituras coletivamente, as aulas de literatura do paradigma do letramento literário perturbam as outras aulas baseadas na execução silenciosa dos exercícios do livro didático ou no professor falando e nos alunos ouvindo em silêncio ou apenas com manifestações ocasionais. Além do mais, como os tempos escolares a partir da segunda metade do ensino fundamental são relativamente curtos, a passagem de uma aula de literatura para outro conteúdo disciplinar deixa os alunos por demais agitados ou esgotados, gerando reclamações dos professores que a antecedem e sucedem.

Todas essas e outras dificuldades não devem desanimar aqueles que acreditam e defendem um lugar próprio para o ensino da literatura na escola. Ao contrário, devem servir de alertas para ajustar e reforçar os argumentos, as concepções e as práticas do paradigma do letramento literário, insistindo com mais vigor na formação do leitor literário como uma das tarefas fundamentais do ensino básico. Afinal, todos sabemos que o acesso a essa forma de significar o mundo e a nós mesmos simbolicamente pela palavra e na palavra é essencial para garantir a nossa quota de humanidade (Candido, 1995). Do mesmo modo que é pela experiência da leitura literária que nos abrimos às "possibilidades de um mundo que não está pronto ainda, está apenas se formando para as diferenças, para as pluralidades, para a democracia verdadeira" (Paulino, 2010: 118).

NOTAS

[1] Em uma tradução sintetizadora do tipo de leitura e leitor, esses níveis são: Nível 1 – leitura vivencial, leitor com competência literária muito pequena; Nível 2 – leitura identificadora, leitor com competência literária pequena; Nível 3 – leitura exploratória, leitor com competência literária razoável; Nível 4 – leitura interpretativa, leitor com competência literária razoavelmente extensa; Nível 5 – leitura letrada, leitor com competência literária extensa; Nível 6 – leitura acadêmica, leitor com competência literária muito extensa (Witte, Rijlaarsdam e Schram, 2012).

[2] Em uma experiência com alunos do curso de Letras, organizei uma coletânea contendo cinco textos: o poema "Prefiro rosas, meu amor, à Pátria", de Ricardo Reis/Fernando Pessoa; a canção popular "Tocando em frente", de Almir Sater e Renato Teixeira; o soneto de Gregório de Matos, "1º Soneto a Maria dos Povos"; o capítulo 3 do livro "Eclesiastes" da Bíblia; e o poema "Quarto Motivo da Rosa", de Cecília Meireles.

[3] Realizei, com professores do ensino básico, uma prática de leitura compartilhada cuja coletânea era composta do conto "Só sexo", de Inês Pedrosa; da canção popular "Tá combinado", de Caetano Veloso na voz de Gal Costa; e da peça publicitária em vídeo das sandálias Havaianas, "Avó".

CONCLUSÃO

O cenário do ensino de literatura no Brasil que busquei traçar por meio desses seis paradigmas está longe de ser completo ou exaustivo. Todavia, mesmo reconhecendo limitações e a existência de outras possibilidades de delineamento, acredito que o objetivo deste livro se cumpre adequadamente com os paradigmas e os itens que foram aqui analiticamente descritos. Por meio deles, o professor pode delinear o percurso histórico e identificar as alternativas que se apresentam para a manutenção do ensino da literatura na escola. Também pode discutir mais claramente as vantagens e as desvantagens da adoção de cada uma dessas alternativas ou da combinação de algumas delas para o aprimoramento do ensino de literatura, quer como matéria, quer como disciplina. Pode, ainda, tomando um ou outro paradigma como base, apontar para outras e novas formas de ensinar literatura, construindo um outro futuro para a escola do presente.

Acima de tudo, desejo que a contribuição maior deste livro seja desafiar a nós, professores de literatura, independentemente do arcabouço dos paradigmas, a definir como concebemos a literatura e o valor que lhe atribuímos frente a outros saberes e práticas escolares, a determinar o que ensinamos quando ensinamos literatura e para que a ensinamos na escola. Desafiar a nós, professores de literatura, a explicitar nossos métodos e técnicas pedagógicas, atribuindo papéis específicos ao professor, ao aluno, à escola e estabelecendo o lugar disciplinar da literatura na grade curricular da educação infantil, do ensino fundamental e do ensino médio. Desafiar a nós, professores de literatura, a sistematizar a seleção dos textos, o material pedagógico e as atividades de sala de aula em coordenação com a avaliação da aprendizagem dos alunos. É para que nós, professores de literatura, enfrentemos juntos esses desafios e possamos construir respostas sobre o ensino da literatura para nossos alunos, para a nossa escola e, sobretudo, para nós mesmos, que este livro foi escrito.

BIBLIOGRAFIA

AGUIAR, Marta; SUASSUNA, Lívia. O ensino de literatura na educação básica: da crise da perspectiva tradicional ao desenvolvimento de novos paradigmas metodológicos. *Diálogo das Letras*, v. 2, n. 2, set./dez. 2013, pp. 6-26. Disponível em: <http://ojs.uern.br/index.php/dialogodasletras/article/download/866/467>. Acesso em: 10 fev. 2015

ARENA, Dagoberto B. Nem hábito, nem gosto, nem prazer. In: MORTATTI, Maria R. L. (org.). *Atuação de professores*: propostas para a ação reflexiva no ensino fundamental. Araraquara: JM, 2003.

AZEVEDO, Ricardo. A didatização e a precária divisão de pessoas em faixas etárias: dois fatores no processo de (não) formação de leitores. In: PAIVA, Aparecida et al. (orgs.). *Literatura e letramento*: espaços, suportes e interfaces. Belo Horizonte: Autêntica, 2003.

BAGNO, Marcos (org.). *Linguística da norma*. São Paulo: Loyola, 2004.

BAPTISTA, Mônica C. et al. Leitura literária para bebês e crianças pequenas: a experiência do Projeto Tertulinha da Faculdade de Educação da UFMG. *Leitura: Teoria & Prática* (suplemento), n. 58, jun. 2012, pp. 299-304. Disponível em: <http://alb.com.br/arquivo-morto/edicoes_anteriores/anais18/pdf/ltp_58_suplemento_18cole_01_401.pdf>. Acesso em: 15 jan. 2014.

BARBOZA, Jerônimo S. *Grammatica philosophica da lingua portuguesa*: ou principios da grammatica geral aplicados à nossa linguagem. Lisboa: Typographia da Academia das Sciencias, 1822. Disponível em: <http://purl.pt/128/5/l-296-v_PDF/l-296-v_PDF_24-C-R0072/l-296-v_0000_capa-guardas2_t24-C-R0072.pdf>. Acesso em: 25 jun. 2018.

BARRETO, Fausto; LAET, Carlos de. *Anthologia nacional ou collecção de excertos dos principaes escriptores da lingua portugueza do 20º ao 16º*. 14. ed. São Paulo; Belo Horizonte: Livraria Francisco Alves, 1929. [1ª edição: 1895; última edição: 1969]. Disponível em: <https://ia800702.us.archive.org/7/items/AntologiaNacionalDecimaQuartaEdicaoPorFaustoBarretoECarlosDeLaet/AnthologiaNacional.pdf>. Acesso em: 25 jun. 2018.

BARTHES, Roland. *Aula*. São Paulo: Cultrix, 1980.

BATISTA, Antônio A.Gomes; GALVÃO, Ana Maria de O.; KLINKE, Karina. Livros escolares de leitura: uma morfologia (1866-1956). *Revista Brasileira de Educação*. Rio de Janeiro: ANPEd, v. 20, maio/jun./jul./ago. 2002, pp. 27-47. Disponível em: <http://www.scielo.br/scielo.php?script=sci_arttext&pid=S1413-24782002000200003&lng=en&nrm=iso>. Acesso em: 14 fev. 2017.

BAUMGARTEN, Carlos Alexandre. A história da literatura brasileira através das antologias. In: NUÑEZ, Carlinda Fragale Pate et al. (orgs.). *História da literatura*: fundamentos conceituais. Rio de Janeiro: Makunaima, 2012.

BEZERRA, Valéria C. *A recepção crítica de José de Alencar*: a avaliação de seus romances e a representação de seus leitores. Campinas, 2012. Dissertação (Mestrado) – Universidade Estadual de Campinas. Disponível em: <http://repositorio.unicamp.br/bitstream/REPOSIP/270050/1/Bezerra_ValeriaCristina_M.pdf>. Acesso em: 14 fev. 2017.

BILAC, Olavo. *Poesias infantis*. Rio de Janeiro: Francisco Alves, 1929 [1904]. Disponível em: <https://www.literaturabrasileira.ufsc.br/_documents/poesias_infantis_de_olavo_bilac-1.htm#Aoleitor>. Acesso em: 25 jun. 2018.

_____; BONFIM, Manoel. *Através do Brasil*. Rio de Janeiro: Fundação Darcy Ribeiro, 2013 [1910]. Disponível em: <http://www.fundar.org.br/bbb/index.php/project/atraves-do-brasil-olavo-bilac-e-manuel-bonfim/>. Acesso em: 25 jun. 2018.

_____; COELHO NETO, Henrique Maximiliano. *Contos pátrios*. 20. ed. Rio de Janeiro: Francisco Alves, 1924.

BOBERG, Hiudéa T. R.; STOPA, Rafaela. *Leitura literária na sala de aula*: propostas de aplicação. Curitiba: CRV, 2012.

BOGDAN, Deanne. "Censorship and Selection in Literature Teaching: Personal Reconstruction or Aesthetic Appreciation? A Paper for Ethics in Education", ago. 1988. Uma versão ampliada desse texto foi publicada como: BOGDAN, Deanne. "Toward a Rationale for Literary Literacy". *Journal of Philosophy of Education*, v. 24, n. 2, 1990, pp. 199-212.

BOMENY, Helena. Leitura no Brasil, leitura do Brasil. *Sociologia, Problemas e Práticas*, n. 60, maio 2009, pp. 11-32. Disponível em <http://www.scielo.mec.pt/scielo.php?script=sci_arttext&pid=S0873-65292009000200002&lng=pt&nrm=iso>. Acesso em: 15 jul. 2017.

BRANDÃO, Ana Carolina P.; ROSA, Ester C. S. (orgs.). *Ler e escrever na educação infantil*: discutindo práticas pedagógicas. 2. ed. Belo Horizonte: Autêntica, 2011.

BRASIL. Ministério da Educação, Secretaria de Educação Média e Tecnológica. *Parâmetros Curriculares Nacionais para o Ensino Médio*. Brasília: MEC/SEMTEC, 2000.

BRITTO, Luiz P. L. Leitor interditado. In: MARINHO, Marildes; SILVA, Ceris S. R. (org.). *Leituras do professor*. Campinas: Mercado das Letras/ALB, 1998.

_____. "Leitura e política". *Leitura: Teoria & Prática*, n. 33, jun. 1999, pp. 3-10.

BUZEN, Clecio. "O antigo e o novo testamento: livro didático e apostila escolar". *Ao Pé da Letra*, v. 3, n. 1, 2001, pp. 35-46.

CAI, Mingshui; TRAW, Rick. "Literary Literacy". *Journal of Children's Literature*, v. 23, n. 2, Fall 1997, pp. 20-33.

CALDEIRA, Maria Carolina da S.; PARAÍSO, Marlucy Alves. Literatura infantil, relações de poder-saber e posições de sujeito no currículo do primeiro ano. *Revista Educação em Questão*, v. 54, n. 41, 2016, pp. 166-90. Disponível em: <https://doi.org/10.21680/1981-1802.2016v54n41ID10162>. Acesso em: 21 fev. 2018.

CALVINO, Italo. *Por que ler os clássicos*. São Paulo: Companhia das Letras, 1993.

CANDIDO, Antonio. O direito à literatura. In: ____. *Vários escritos*. 3. ed. São Paulo: Duas Cidades, 1995.

_____. A literatura e a formação do homem. *Remate de Males*, Campinas, dez. 2012. Disponível em: <https://periodicos.sbu.unicamp.br/ojs/index.php/rematrazze/article/view/8635992/3701>. Acesso em: 11 jul. 2017.

CARDOSO, João Escobar. *Os cânones escolares*: formação da historiografia da literatura brasileira (1759-1890). Curitiba: Appris, 2016.

CARRATO, José Ferreira. O ensino do latim no Colégio do Caraça. *Revista de História*, v. 37, n. 75, 1968, pp. 105-27. Disponível em: <https://www.revistas.usp.br/revhistoria/article/download/128467/125312>. Acesso em: 20 jun. 2018.

CARVALHAL, Tânia Franco. O próprio e o alheio no percurso literário brasileiro. In: _____. *Ensaios de literatura comparada*. São Leopoldo: Unisinos, 2003, pp. 125-52.

CARVALHO, Francisco Freire de. *Lições elementares de eloquência nacional*. 2. ed. Lisboa: Typographia Rollandiana, 1840. Disponível em: <https://archive.org/details/lieselementares00carvgoog>. Acesso em: 25 jun. 2018.

CECCANTINI, João Luis. Leitores iniciantes e comportamento perene de leitura. In: SANTOS, Fabiano dos; NETO, José Castilho Marques; RÖSING, Tânia M. K. (orgs.). *Mediação de leitura*: discussões e alternativas para formação de leitores. São Paulo: Global, 2009.

CHARTIER, Roger. *Práticas de leitura*. São Paulo: Estação Liberdade, 1996.

COSSON, Rildo. O professor de literatura e seu material didático. *Anais do 12º Congresso de Leitura do Brasil*. Campinas: ALB, 1999 (CD-ROM).

_____. *Letramento literário*: teoria e prática. São Paulo: Contexto, 2006.

_____. A prática do letramento literário em sala. In: GONÇALVES, Adair V.; PINHEIRO, Alexandra S. (orgs.). *Nas trilhas do letramento*: entre teoria, prática e formação docente. São Paulo: Mercado das Letras, 2011.

_____. *Círculos de leitura e letramento literário*. São Paulo: Contexto, 2014.

CULLER, Jonathan. Literary Competence. In: FREEMAN, Donald C. (ed.). *Essays in Modern Stylistics*. London; New York: Routledge, 1981.

CUNHA, Andréia F. M. *Binarismo na literatura*: rosa e azul na coleção Jovens Leitores. Goiânia, 2014. 226 f. Tese (Doutorado em Letras e Linguística) – Universidade Federal de Goiás.

DIXON, John. *Growth through English*: Set in the Perspective of the Seventies. Oxford: Oxford University Press, 1975 [1967].

DUARTE, Regina dos S. *Ensino da literatura*: nós e laços. Braga, 2013. Tese (Doutorado) – Instituto de Educação, Universidade do Minho. Disponível em: <http://hdl.handle.net/1822/25638>. Acesso em: 25 jun. 2018.

ERTMER, Peggy A.; NEWBY, Timothy J. Behaviorism, Cognitivism, Constructivism: Comparing Critical Features from an Instructional Design Perspective. *Performance Improvement Quarterly*, v. 26, n. 2, 2013, pp. 43-71. Disponível em: <http://dx.doi.org/10.1002/piq.21143>. Acesso em: 13 jun. 2017.

EVEN-ZOHAR, Itamar. "Polysistem Studies". *Poetics Today*, v. 11, n. 1, 1990, 269 p.

_____. *Polisistemas de cultura*. Tel Aviv: Universidad de Tel Aviv, 2017.

FARACO, Carlos Alberto. *História sociopolítica da língua portuguesa*. São Paulo: Parábola, 2016.

FARIA FILHO, Luciano M. de; VIDAL, Diana G. "Os tempos e os espaços no processo de institucionalização da escola primária no Brasil". *Revista Brasileira de Educação*. São Paulo, n. 14, 2000, pp. 19-34.

FERREIRA, Lívia. *A convivência com os textos*: unidades no ensino da literatura em nível médio. Assis: Faculdade de Filosofia, Ciências e Letras, 1970.

FERREIRA, Murilo da Costa. "Letramento literário afrodescendente: ensino-aprendizagem e formação de professores". *Pontos de Interrogação. Revista de Crítica Cultural*, Alagoinhas, v. 1, n. 1, jan./jun. 2011, pp. 24-31.

FIDELIS, Ana Claudia e S. A formação leitora do jovem e o consumo dos livros em série. *Em Aberto*, v. 32, n. 105, maio/ago. 2019, pp. 175-88. Disponível em: <http://dx.doi.org/10.24109/2176-6673.emaberto.32i105.4394>. Acesso em: 20 nov. 2019.

FILIPOUSKI, Ana M. R. Para que ler literatura na escola? In: FILIPOUSKI, Ana M. R. et al. (orgs.). *Teorias e fazeres na escola em mudança*. Porto Alegre: Editora UFRGS, 2005.

FIORIN, João Luiz. "Fruição artística e catarse". *Letras*. Santa Maria, v. 20, jan./jun. 2000, pp. 11-38.

_____. A construção da identidade nacional brasileira. *Bakhtiniana: Revista de Estudos do Discurso*, v. 1, n. 1, 1º sem. 2009, pp. 115-26. Disponível em: <http://ken.pucsp.br/bakhtiniana/article/view/3002> Acesso em: 20 jun. 2017.

FISCHER, Luís Augusto. O fim do cânone e nós com isso – passado e presente do ensino de literatura no Brasil. *Remate de Males*, v. 34, n. 2, jul./dez. 2014 , pp. 573-611. Disponível em: <https://periodicos.sbu.unicamp.br/ojs/index.php/remate/article/view/8635866/0>. Acesso em: 10 set. 2015.

FRANCA, Leonel. *O método pedagógico dos jesuítas o* "ratio studiorum". Rio de Janeiro: Agir, 1952. Disponível em: <https://portalconservador.com/livros/Pe-Leonel%20Franca-O-Metodo-Pedagogico-dos-Jesuitas.pdf>. Acesso em: 20 jun. 2018.

FREDERICO, Enid Yatsuda. O lugar da literatura. *Remate de Males*, Campinas, v. 34, n. 2, nov. 2014, pp. 351-9. Disponível em: <https://periodicos.sbu.unicamp.br/ojs/index.php/remate/article/view/8635853/3562>. Acesso em: 24 set. 2017.

FREDERKING, Volker et al. Beyond Functional Aspects of Reading Literacy: Theoretical Structure and Empirical Validity of Literary Literacy. *L1-Educational Studies in Language and Literature*, v. 12, 2012, pp. 1-24. Disponível em: <http://dx.doi.org/10.17239/L1ESLL-2012.01.02>. Acesso em: 20 nov. 2019.

FREIRE, Paulo. *Pedagogia do oprimido*. São Paulo: Paz e Terra, 1996.

GERALDI, João W. (org.). *O texto na sala de aula*: leitura e produção. 6. ed. Cascavel: Assoeste, 1991.

GIROTTO, Cyntia G.; SOUZA, Renata J. Estratégia de leitura: para ensinar alunos a compreender o que leem. In: SOUZA, Renata. J. et al. (orgs.). *Ler e compreender*: estratégias de leitura. Campinas: Mercado das Letras, 2010.

GOODWYN, Andrew; FINDLAY, Kate. "The Cox Models Revisited: English Teacher's Views of their Subject and the National Curriculum". *English in Education*, v. 33, n. 2, Summer 1999, pp. 19-31.

GOLDSTEIN, Norma. *Versos, sons e ritmos*. São Paulo: Ática, 1986.

GOMES, Carlos Magno. *Ensino de literatura e cultura*: do resgate à violência doméstica. Jundiaí: Paco, 2014.

GOMES, Cláudia dos Santos. *Enleituramento do texto afro-brasileiro*: experiências de leitura com os contos dos *Cadernos negros* em sala de aula. Salvador, 2016. Dissertação (Mestrado Profissional em Letras – ProfLetras) – Departamento de Ciências Humanas. Universidade do Estado da Bahia.

GOMES, Nilma L. *Parecer CNE/CEB 15/2010*. Diretrizes da Educação Básica. Ministério da Educação. Disponível em: <http://portal.mec.gov.br/index.php?option=com_content&view=article&id=12992:diretrize s-para-a-educacao-basica&catid=323>. Acesso em: 20 nov. 2019.

_____. *Parecer CNE/CEB 6/2011*. Diretrizes da Educação Básica. Ministério da Educação. Disponível em: <http://portal.MEC.gov.br/index.php?option=com_content&view=article&id=12992:dire trize s-para-a-educacao-basica&catid=323>. Acesso em: 12 jul. 2019.

GREEN, Bill. "A Literacy Project of Our Own?" *English in Australia*, n. 134, June 2002, pp. 25-32.

_____. "English, Rhetoric, Democracy; or, Renewing English in Australia". *English in Australia*, v. 43, n.3, 2008, pp. 35-44.

GRIJÓ, Andréa A. *Quem conta um conto aumenta um ponto? Reflexões sobre as adaptações de clássicos da literatura para crianças e jovens leitores*. Vitória, 2017. Tese (Doutorado em Educação) – Universidade Federal do Espírito Santo. Disponível em: <http://repositorio.ufes.br/handle/10/6845> . Acesso em: 2 jul. 2018.

INGARDEN, Roman. *A obra de arte literária*. 3. ed. Lisboa: Calouste Gulbenkian, 1965.

JESUS, Julice Vieira de. "*Cadernos negros*" em cena: produção de narrativas escritas em diálogo com a diversidade étnico-racial no ensino fundamental II. Salvador, 2016. Dissertação (Mestrado Profissional em Letras – ProfLetras). Departamento de Ciências Humanas, Universidade do Estado da Bahia.

KAYAD, Florence. "Teacher Education: English Language and Literature in a Culturally and Linguistically Diverse Environment". *Educational Research and Perspectives*, v. 42, 2015, pp. 286-328.

KOSCHIER, Jaqueline T. da C. "*Trouxeste a chave?" A recepção das obras literárias nos diários de leitura de leitores e leitoras adolescentes do ensino médio integrado do IFSul (Pelotas-RS)*. Pelotas, 2019. Tese (Doutorado em Educação) – Universidade Federal de Pelotas.

KUHN, Thomas. *A estrutura das revoluções científicas*. São Paulo: Perspectiva, 1975.

LAJOLO, Marisa. "Tecendo a leitura". *Leitura: Teoria & Prática*, n. 3, jul. 1984, pp. 3-5.

LEAHY-DIOS, Cyana. *Educação literária como metáfora social*: desvios e rumos. Niterói: EDUFF, 2000.

LEITE, Ligia M. C. *Invasão da catedral*: literatura e ensino em debate. Porto Alegre: Mercado Aberto, 1983.

LIMA, Luis Costa. "Literatura e nação. Esboço de uma releitura". *Revista Brasileira de Literatura Comparada*, v. 3, n. 3, 1996, pp. 33-9.

LOBATO, António José dos Reis. *Arte da grammatica da lingua portuguesa*. Lisboa: Regia Officina Typografica, 1770. Disponível em: <http://purl.pt/196/4/clul-r-116_PDF/clul-r-116_PDF_24-C-R0072/clul-r-116_0000_guardas1-guardas2_t24-C-R0072.pdf>. Acesso em: 25 jun. 2018.

LOURENÇO FILHO, Manuel B. "Como aperfeiçoar a literatura infantil". *Revista Brasileira de Estudos Pedagógicos*, v. 7, n. 3, 1943, pp. 146-69.

LUFT, Gabriela F.; FISCHER, Luís Augusto. A tipologia das questões de literatura no Exame Nacional do Ensino Médio (Enem) e seus reflexos para o ensino de literatura. *Gragoatá*, n. 37, 2. sem. 2014, pp. 331-51. Disponível em: <http://www.gragoata.uff.br/index.php/gragoata/article/view/84/367>. Acesso em: 10 set. 2015.

MELO, Carlos A.; GONÇALO, Sandra R. P. Uma proposta de intervenção para o ensino da literatura afro-brasileira nas aulas de língua portuguesa no ensino fundamental. *Letras & Letras*, v. 33, n. 1, jan./jul. 2017, pp. 95-118. Disponível em: <https://doi.org/10.14393/LL63-v33n1a2017-4>. Acesso em: 17 set. 2018.

MESQUITA, Armindo T. A leitura: um passaporte para a vida. *Álabe*, n. 3, jun. 2011, pp. 1-9. Disponível em: <http://www.ual.es/alabe>. Acesso em: 10 set. 2015.

MIDOSI, Henrique. *Poesias selectas nos diversos gêneros de composições poéticas para leitura, recitação e analyse dos poetas portugueses no 1º, 2º, 3º e 4º anno do curso geral dos lyceus*. 5. ed. Lisboa: Imprensa Nacional, 1868. Disponível em: <https://ia800403.us.archive.org/19/items/poesiasselectasn00mido_0/poesiasselectasn00mido_0.pdf>. Acesso em: 17 set. 2018.

NIKOLAJEVA, Maria. Literacy, Competence and Meaning-making: a Human Sciences Approach. *Cambridge Journal of Education*, v. 40, n. 2, 2010, pp. 145-59. Disponível em: <http://dx.doi.org/10.1080/0305764X.2010.481258>. Acesso em: 12 jul. 2017.

NORONHA, José Feliciano de C. Barreto. *Iris clássico*: ordenado e oferecido aos mestres e alunos das escolas brasileiras. Fevereiro de 1859. Disponível em: <https://play.google.com/store/books/details?id=vyI5AQAAMAAJ&rdid=book-vyI5AQAAMAAJ&rdot=1>. Acesso em: 25 jun. 2018.

NOSELLA, Paolo. Compromisso político e competência técnica: 20 anos depois. *Educ. Soc.*, v. 26, n. 90, abr. 2005, pp. 223-38. Disponível em: <http://www.scielo.br/scielo.php?script=sci_arttext&pid=S0101-73302005000100010&lng=en&nrm=iso>. Acesso em: 17 jun. 2015.

NOVAES, João V. dos S. A (re)contextualização do navio negreiro no rap de Slim Rimografia. *Litterata*, v. 7, n. 1, 2017, pp. 21-38. Disponível em: <http://periodicos.uesc.br/index.php/litterata/issue/view/130>. Acesso em: 17 set. 2018.

OLIVEIRA, Adilson V. de. Debates e desafios para a leitura literária: uma crítica aos métodos e discursos do ensino. *Rev. Educ., Cult. Soc.*, v. 7, n. 2, jul./dez. 2017, pp. 473-88.

OLIVEIRA, Lúcia L. *A questão nacional na Primeira República*. São Paulo: Brasiliense; Brasília: CNPq, 1990.

OLIVEIRA, Vanderléia da S. Historiografia, cânone e a formação do professor de literatura: ponderações sobre educação literária. In: OLIVEIRA, Vanderléia da S. (org.). *Educação literária em foco*: entre teorias e práticas. Cornélio Procópio: Universidade Estadual do Norte do Paraná, 2008.

OLIVEN, Ruben G. Antropologia e a diversidade cultural no Brasil. *Revista de Antropologia*, v. 33, 1990, pp. 119-39. Disponível em: <http://www.revistas.usp.br/ra/article/view/111218/109499>. Acesso em: 22 out. 2015.

PAULINO, Graça. Sobre leitura e saber, de Anne-Marie Chartier. In: EVANGELISTA, Aracy; BRINA, Heliana; MACHADO, Maria Zélia (orgs.). *A escolarização da leitura literária*: o jogo do livro infantil e juvenil. Belo Horizonte: Autêntica, 1999.

_____. Algumas especificidades da leitura literária. In: MACHADO, Maria Zélia V. et al. (orgs.). *Leituras literárias*: discursos transitivos. Belo Horizonte: Ceale; Autêntica, 2005.

_____. "Literatura brasileira na formação docente". *Ariús*, v. 13, n. 2, jul./dez. 2007, pp. 143-6.

_____. *Das leituras ao letramento literário*: 1979-1999. Seleção e organização de Cristina Maria Rosa. Belo Horizonte: FAE/UFMG; Pelotas: EDUFPEL, 2010.

_____; COSSON, Rildo. Letramento literário: para viver a literatura dentro e fora da escola. In: ZILBERMAN, R.; ROSING, T. (orgs.). *Escola e leitura*: velha crise; novas alternativas. São Paulo: Global, 2009.

_____; _____. A literatura no território dos direitos humanos. In: LIMA, Aldo de et al. (orgs.). *O direito à literatura*. 2. ed. Recife: Ed. Universitária da UFPE, 2014.

PENNAC, Daniel. *Como um romance*. Trad. Leny Werneck. Rio de Janeiro: Rocco, 1993.

PERROTTI, Edmir. *Confinamento cultural, infância e leitura*. São Paulo: Summus, 1990.

PETIT, Michèle. *Os jovens e a leitura*: uma nova perspectiva. São Paulo: Editora 34, 2008.

PIEPER, Irene. *Items for a Description of Linguistic Competence in the Language of Schooling Necessary for Teaching/Learning Literature* [End of Obligatory Education]. Strasbourg: Language Policy Division, Council of Europe, 2011.

PIMENTEL, Figueiredo. *Contos da carochinha*: livros para crianças. 24. ed. Rio de Janeiro: Livraria Quaresma, 1956.

PINHEIRO, Joaquim C. F. *Curso elementar de literatura nacional*. Rio de Janeiro: Livraria de B. L. Garnier, 1862. Disponível em: <https://www.literaturabrasileira.ufsc.br/documentos/?action=download&id=44388>. Acesso em: 25 jun. 2018.

RAZZINI, Marcia de P. G. *O espelho da nação*: a antologia nacional e o ensino de português e de literatura (1838-1970). Campinas, 2000. Tese (Doutorado em Letras), Instituto de Estudos da Linguagem, Universidade Estadual de Campinas.

_____. História da disciplina português na escola secundária brasileira. *Revista Tempos e Espaços em Educação*, v. 4, jan./jun. 2010, pp. 43-58. Disponível em: https://seer.ufs.br/index.php/revtee/article/view/2218. Acesso em: 22 out. 2015.

REYES, Yolanda. Mediadores de leitura. In: FRADE, Isabel C. A. S. et. al. *Glossário Ceale*: termos de alfabetização, leitura e escrita para educadores. Belo Horizonte: UFMG/Faculdade de Educação, 2014.

REZENDE, Neide L. de. O estudo de literatura e a leitura literária. In: DALVI, Maria Amélia et al. (orgs.). *Leitura de literatura na escola*. São Paulo: Parábola, 2013.

ROCCO, Maria Thereza F. "O prazer possível: literatura, leitura e escola". *Revista da Faculdade de Educação*, v. 15, n. 2, jul./dez. 1989, pp. 123-32.

ROLIM, Zalina. *Livro das crianças*. Pref. Gabriel Prestes. Boston: C. F. Hammett, 1897. (Série D. Vitalina de Queiroz). Disponível em: <https://www.unicamp.br/iel/memoria/Ensaios/LiteraturaInfantil/1Zalina.htm>. Acesso em: 25 jun. 2018.

ROMERO, Silvio; RIBEIRO, João. *Compêndio de história da literatura brasileira*. Rio de Janeiro: Francisco Alves, 1906. Disponível em: <https://www.literaturabrasileira.ufsc.br/documentos/?action=download&id=29124> Acesso em: 25 jun. 2018.

ROQUETTE, José Inácio. *Ornamentos da memória*: e exercícios seletos para formar o bom gosto e verdadeiro estilo pela língua portuguesa, extraídos dos melhores clássicos em prosa e verso, complemento necessário da educação da mocidade portuguesa e brasileira. Paris: Livraria Portuguesa de J.-P. Aillaud, 1873. Disponível em: <https://books.google.com.br/books?id=6VZDAAAAYAAJ&printsec=frontcover&hl=pt-BR&source=gbs_ge_summary_r&cad=0#v=onepage&q&f=false>. Acesso em: 25 jun. 2018.

ROSENBLATT, Louise. *The Reader, the Text, the Poem*: the Transactional Theory of the Literary Work. Illinois: Southern Illinois University, 1994.

_____. *La literatura como exploración*. México: Fondo de Cultura Económica, 2002 [1938].

_____. *Making Meaning with Texts*. Portsmouth: Heinemann, 2005.

Santin, Andréa F. *Momento literário*: a formação do leitor de literatura em sala de aula. Florianópolis, 2016. Dissertação (Mestrado Profissional em Letras) – Universidade Federal de Santa Catarina.

Santos, Claudefranklin M.; Oliva, Terezinha A. de. As multifaces de "Através do Brasil". *Rev. Bras. Hist.*, v. 24, n. 48, 2004, pp. 101-21. Disponível em: <http://www.scielo.br/scielo.php?script=sci_arttext&pid=S0102-01882004000200005&lng=en&nrm=iso>. Acesso em: 27 jun. 2018.

Santos, Florence B. G. *Os professores e a seleção de livros literários para uso na escola*. Belo Horizonte, 2013. Dissertação (Mestrado em Educação) – Universidade Federal de Minas Gerais. Disponível em: <http://hdl.handle.net/1843/BUBD-9EAJ56>. Acesso em: 17 jun. 2017.

Santos, Oton M. S. dos. *A literatura e a escola*: um estudo sobre os modelos de educação literária do ensino médio em escolas públicas de Salvador (BA). Campinas, 2017. Tese (Doutorado) – Faculdade de Educação, Universidade Estadual de Campinas. Disponível em: <http://taurus.unicamp.br/bitstream/REPOSIP/322748/1/Santos_OtonMagnoSantanaDos_D.pdf>. Acesso em: 23 out. 2019.

Saviani, Dermeval. O legado educacional do regime militar. *Cadernos Cedes*, v. 28, n. 76, 2008, pp. 291-312. Disponível em: <https://dx.doi.org/10.1590/S0101-32622008000300002>. Acesso em: 17 set. 2017.

Sawyer, Wayne. Literature and Literacy: a Review of Research. *Language Arts*, v. 64, n. 1, jan. 1987, pp. 33-9. Disponível em: <https://www.jstor.org/stable/41961573?read-now=1&seq=7#page_scan_tab_contents>. Acesso em: 21 mar. 2017.

Scholes, Robert. *Protocolos de leitura*. Lisboa: Edições 70, 1991.

Silva, António C.; Costa, Carolina P. "Cânone literário escolar e avaliação da leitura de Literatura: um estudo dos exames de Português do 12º ano (2013-2016)". *Moenia*, v. 22, 2016, pp. 297-333.

Silva, Isabel C. da; Santos, Jeane de C. N. Proposta de letramento literário para a literatura afro-brasileira. In: Santos, Jeane de C. N. et al. (orgs.). *Ensino de língua e literatura*: gênero textual e letramento. Aracaju: Criação; Itabaiana: ProfLetras, 2017.

Silveira, Rosa M. H. "Leitura e produção textual: novas ideias numa velha escola". *Em Aberto*, v. 10, n. 52, 1991, pp. 39-51.

_____. Leitura, literatura e currículo. In: Costa, M. V. (org.). *O currículo nos limiares do contemporâneo*. Rio de Janeiro: DP&A, 1998.

Soares, Magda B. A escolarização da literatura infantil e juvenil. In: Evangelista, Aracy; Brina, Heliana; Machado, Maria Zélia (orgs.). *A escolarização da leitura literária*: o jogo do livro infantil e juvenil. Belo Horizonte: Autêntica, 1999.

_____. Português na escola: história de uma disciplina curricular. In: Bagno, M. (org.). *Linguística da norma*. São Paulo: Loyola, 2004.

_____. Ler, verbo transitivo. In: Paiva, Aparecida et al. (orgs.). *Leituras literárias*: discursos transitivos. Belo Horizonte: Ceale; Autêntica, 2005.

Sociedade dos poetas mortos. Direção de Peter Weir. Estados Unidos, 1989. 128 min.

Souza, Raquel C. de S. e. O diário de leitura no ensino fundamental: considerações iniciais. *Revista Cerrados*, v. 25, n. 42, 2016, pp. 181-209. Disponível em: <http://periodicos.unb.br/index.php/cerrados/article/view/25332>. Acesso em: 17 jun. 2017.

Souza, Renata J.; Cosson, Rildo. O cantinho da leitura como prática de letramento literário. *Educar em Revista*, v. 34, n. 72, dez. 2018, pp. 95-109. Disponível em: <https://revistas.ufpr.br/educar/article/view/62764/37186>. Acesso em: 17 fev. 2019.

Souza, Rosa Fátima de. Inovação educacional no século XIX: a construção do currículo da escola primária no Brasil. *Cadernos Cedes*, v. 20, n. 51, 2000, pp. 9-28. Disponível em: <http://hdl.handle.net/11449/28246>. Acesso em: 17 set. 2017.

Suassuna, Lívia; Nóbrega, Jailton. E como anda o ensino de literatura brasileira? Um estudo de práticas nos níveis fundamental e médio. *Revista Desenredo*, v. 9, n. 1, jan./jun. 2013, pp. 20-41. Disponível em: <https://doi.org/10.5335/rdes.v9i1.3533>. Acesso em: 17 fev. 2019.

Suominen, Vesa; Tuomi, Pirjo. "Literacies, Hermeneutics, and Literature". *Library Trends*, v. 63, n. 3, 2015, pp. 615-28.

TORELL, Örjan. "Literary Competence Beyond Conventions". *Scandinavian Journal of Educational Research*, v. 45, n. 4, 2001, pp. 369-79.

VARNHAGEN, Francisco A. de. *Florilégio da poesia brasileira*. Lisboa: Imprensa Nacional, 1850. t. 1. Disponível em: <https://www.literaturabrasileira.ufsc.br/documentos/?action=download&id=30712>. Acesso em: 25 jun. 2018.

VELLOSO, Mônica P. A literatura como espelho da nação. *Revista Estudos Históricos*, v. 1, n. 2, dez. 1988, pp. 239-63. Disponível em: <http://bibliotecadigital.fgv.br/ojs/index.php/reh/article/view/2162/1301>. Acesso em: 12 jun. 2017.

WITTE, Theo C. H.; SÂMIHĂIAN, Florentina. Is Europe Open to a Student-oriented Framework for Literature? A Comparative Analysis of the Formal Literature Curriculum in Six European Countries. *L1-Educational Studies in Language and Literature*, v. 13, 2013, pp. 1-22. Disponível em: <https://l1.publication-archive.com/show-volume/14>. Acesso em: 17 jul. 2014.

_____; RIJLAARSDAM, Gert; SCHRAM, Dick. "An Empirically Grounded Theory of Literary Development. Teachers' Pedagogical Content Knowledge on Literary Development in Upper Secondary Education". *L1-Educational Studies in Language and Literature*, v. 12, 2012, pp. 1-33.

ZILBERMAN, Regina. "No começo, a leitura". *Em Aberto*, Brasília, ano 16, n. 69, jan./mar. 1996.

_____. Que literatura para a escola? Que escola para a literatura? *Deserendo*, v. 5, n. 1, jan./jun. 2009, pp. 9-20. Disponível em: <http://www.seer.upf.br/index.php/rd/article/view/924>. Acesso em: 21 mar. 2017.

AGRADECIMENTOS NO SINGULAR

Uma obra sempre se faz em diálogo com autores de outros textos e com os leitores possíveis. Autores e leitores que, com suas vozes e silêncios, vão guiando a escrita em uma tessitura de conceitos, argumentos, proposições e exemplos. Na elaboração deste livro, tive o privilégio de ser guiado por muitos colegas que nesses últimos quatro anos compartilharam comigo saberes e experiências, possibilitando a definição de cada paradigma. Sem as perguntas e as respostas que me ajudaram a construir em leituras de seus textos, palestras em eventos e bancas de avaliação de estudos acadêmicos em todo o país, este livro não teria existência. Por isso agradeço a todos vocês os convites, a presença e a disposição para o diálogo. Em especial, quero agradecer aos participantes das oficinas de letramento literário que realizei em lugares tão diversos, como Belo Horizonte, Pau de Ferros, Dourados, Petrolina, Varginha, Montes Claros, Nazaré da Mata, Manaus, Frederico Westphalen, Uberaba, Mamanguape, Ji-Paraná, Lajeado e Naviraí. A esses professores, que se dispuseram a ser alunos outra vez compartilhando em uma manhã ou tarde inteira suas experiências literárias, quero agradecer o compromisso que demonstraram com o ensino da literatura. As leituras que produziram, os questionamentos e o entusiasmo com que realizaram as atividades sempre permanecerão em minha memória como lições da felicidade de ser professor.

Também quero expressar um profundo agradecimento aos amigos Aracy Alves Martins, Carlos Augusto Novais, Celia Belmiro, Cleudene de Oliveira Aragão, Elisa Dalla Bona e Rosa Maria Hessel Silveira, que, mesmo com suas inúmeras atividades docentes e em meio a viagens de férias, atenderam generosamente ao pedido de empréstimo de seus olhos atentos para a leitura de alguns dos capítulos do livro. A Cíntia Schwantes e Nívia Simone Lira Eslabão, parceiras de longa data em outras tantas jornadas, que se dispuseram a ler e revisar o livro por inteiro, gratidão. Naturalmente, se há equívocos e problemas no livro, eles se devem exclusivamente à minha incapacidade de resolvê-los. Um último, mas não menos importante, agradecimento a Luciana Pinsky, que esperou pacientemente a entrega dos originais após muitos prazos vencidos.

Muito obrigado a todos.

O AUTOR

Rildo Cosson é doutor em Letras pela Universidade Federal do Rio Grande do Sul e em Educação pela Universidade Federal de Minas Gerais. Foi professor da Universidade Federal do Acre, Universidade Federal de Pelotas, Universidade Federal de Minas Gerais e do Programa de Pós-Graduação do Centro de Formação, Treinamento e Aperfeiçoamento da Câmara dos Deputados (Cefor/CD). Atualmente, é pesquisador do Centro de Alfabetização, Leitura e Escrita e professor visitante da Universidade Federal da Paraíba. Pela Contexto, publicou os livros *Círculos de leitura e letramento literário* e *Letramento literário: teoria e prática*.

GRÁFICA PAYM
Tel. [11] 4392-3344
paym@graficapaym.com.br